如何说孩子才会听，
如何听孩子才肯说

梅子★著

辽宁人民出版社

ⓒ梅子　2019

图书在版编目（CIP）数据

如何说孩子才会听，如何听孩子才肯说/梅子著. —沈阳：
辽宁人民出版社,2019.3
ISBN 978-7-205-09387-7

Ⅰ．①如…　Ⅱ．①梅…　Ⅲ．①亲子关系—家庭教育
Ⅳ．①G78

中国版本图书馆 CIP 数据核字 (2018) 第 281928 号

出版发行：辽宁人民出版社

地址：沈阳市和平区十一纬路25号　邮编：110003
电话：024-23284321（邮　购）　024-23284324（发行部）
传真：024-23284191（发行部）　024-23284304（办公室）
http://www.lnpph.com.cn

印　　　刷：三河市德鑫印刷有限公司
幅面尺寸：170mm×240mm
印　　张：15
字　　数：155 千字
印　　数：1～50000
出版时间：2019年3月第1版
印刷时间：2019年3月第1次印刷
责任编辑：高　丹
封面设计：夏末书衣
版式设计：王　欣
责任校对：赵　晓
书　　　号：ISBN 978-7-205-09387-7
定　价：38.00元

前 言 PREFACE

有人问我："教育孩子有什么秘诀吗？"

我的答案是："没有。"

身为父母，我们都有"望子成龙，望女成凤"的心情。于是，很多父母都希望有一个"秘诀"，可以指导自己教育出出类拔萃的孩子。同时，由于现在的社会状况和家庭情况都在不断发生变化，特别是二胎家庭和单亲家庭越来越多，孩子接触的信息量也越来越大，因此，父母经常会觉得孩子"越来越不听话""越来越难管"，等等。很多父母都会感叹教育实在是一项大工程，进而希望找到教养子女的"秘诀"。

然而，教育孩子真的没有什么秘诀可言。大多数父母之所以觉得教育孩子很困难，最大的问题就在于他们的教育目标不合适。

从理论上来说，每个孩子都是前途无量的，但是每个家长都希望自己的孩子能成为科学家、发明家、明星、高管……恨不得孩子一生下来就是人生赢家。在这种不切实际的期望下，家长们自然会给自己很大的压力，而这种压力最后又会转移到孩子身上，变成"超支教育投入"，如进口的奶粉、高端的玩具、名牌的衣服等，家长们似乎觉得自己投入得越多，孩子成才的希望就越大。在高投入的教育背后，是家长们迫切的渴望，他们要求孩子学习乐器、学习唱歌跳舞，学奥数、学英语，学习所有他们想要孩子学的东西。一旦孩子表现得不尽如人意，家长就会觉得自己的投入没有得到回报，打了水漂，然后就把失望不满的情绪发泄到孩子身上。

其实，孩子成长的过程中，最重要的还是孩子的基本素质。如果把教育孩子的过程比喻成种树，那么我们就要在"根"上下功夫。当教育出现问题时，有的家长就批评孩子，然后为孩子扣上一些莫须有的"罪名"，把问题都归结到孩子身上。可是，教育是双向的，孩子会变成现在的样子，和家长的教育方法是分不开的，但是，家长们从来不反省自己，从来不换位思考。俗话说，没有教不好的孩子，只有不会教的家长，成功的家庭教育，赢就赢在良好的亲子沟通上；家庭教育之所以失败，一定是沟通出现了问题。所以，亲子沟通在家庭教育中就显得尤为重要，为人父母者需要学习沟通的技巧，在"如何说"和"怎么听"这两方面多多用心，要善于说，更要懂得听。

父母巧妙地说，孩子才会听；父母善于倾听，孩子才肯倾诉。父母要用恰当的语言，在自己和孩子之间搭起一座和睦沟通的桥梁，从而从孩子身上捕捉到有效的信息，找准教育的切入点。父母要和孩子及时沟通，帮孩子开解烦恼，让孩子的内心永远阳光普照。作为家长，我们要善于听出孩子的潜台词，把话说到孩子的心坎里，做孩子的好朋友，和孩子一起快乐地成长。

想让孩子清楚地理解自己的话，家长们就要学会给自己的话"穿上美丽的外衣"，让孩子愿意听、喜欢听。不仅如此，家长们还要给孩子表达的机会，尊重孩子的话语权，让孩子主动说出心里话，让亲子沟通的过程变得温馨而愉快。

为了让亲子沟通更和谐，本书围绕"如何说"和"怎么听"两个方面，综合了教育专家的观点、建议和自己的经验、实践，从以下十个方面进行了探讨：

第一，心与心之间，多一分了解就少一分误解；

第二，要想说出的话有力量，不吼不叫不唠叨；

第三，生活里谁也不能随时处于起跑状态；

第四，千万次的说教，不如孩子的一次体验；

第五，"熊孩子"叛逆不听话，给点"糖"搞定他；

第六，先接纳孩子的情绪，事情不管对错总有原因；

第七，位置决定头脑，换位思考，你好我也好；

第八，不听话的孩子背后是不会引导的父母；

第九，让孩子把你当自己人，不知不觉打开话匣子；

第十，最需要学习的不是孩子，而是父母。

本书结合了家庭沟通中容易出现的典型问题，阐述了完美亲子关系的规律和特点，辅以大量常见的情境和案例说明，提供了可行的建议和思路，让父母轻松学会与孩子沟通的方法，并且灵活运用。

冰冻三尺，非一日之寒，家庭沟通也不是一蹴而就的，我们要把家庭沟通当成一种艺术，而不是技术，不能像说明书那样按部就班地教育孩子。其实，家庭沟通也不是毫无"秘籍"可言，我们要拥有一颗关爱孩子的心，学会用巧妙的语言和孩子交流，倾听孩子的心事，让孩子自信快乐地成长，这才是"秘籍"的关键。

总而言之，沟通教育不是一件轻松的事情，因为父母对孩子付出了全部的爱，就算是再辛苦的事情，只要是为了孩子，也会觉得很幸福。对父母来说，因为有爱，原本辛苦的教育也会充满了欢乐；因为有爱，原本紧张的亲子关系也会变得和睦。

那么，因为爱，请多与孩子沟通、交流，用"爱"的声音让孩子慢慢地成长；也因为爱，请翻开本书吧！相信本书一定能够解决各位家长的燃眉之急，为家长提供切实可行的帮助。这是一本融合爱与沟通的神奇之书，一本带来家庭和睦、让孩子茁壮成长的父母必读之书。

目 录 CONTENTS

第 一 章
心与心之间，多一分了解就少一分误解

孩子为何不愿与你沟通？答案就是：你对他的了解太少。身为父母，要在忙于生计的同时，抽出时间多与孩子谈谈心，陪孩子做做游戏，倾听孩子的心事……多一分了解，就少一分误解。只有这样，当孩子出现错误的时候，你才能进行有效的引导。有时候，你与孩子的距离，就只是差了"了解"这一毫米。

一、孩子越大越不愿意和你沟通的原因

随着孩子年龄越来越大，大部分家长发现自己与孩子之间的关系似乎发生着微妙的变化。以前那个总是黏着妈妈的宝宝不见了，孩子变得越来越独立，越来越难以接近；以前那个总是围着妈妈叽叽喳喳说个没完的孩子也不见了，孩子变得不愿意和父母沟通交流，一旦父母说得多了，他们就嫌烦。

一位家长就曾经抱怨："我家孩子15岁了，以前有什么事情都和我们说，可现在几乎很少和我们沟通。平时和同学朋友都是无话不说、无话不谈，可到了我们面前就变得沉默寡言了。一问他问题，他就会用

'嗯'或者'是'敷衍。有时候，我们主动和孩子沟通，想了解他的学习和生活情况，但孩子就是不愿意说太多话，问多了他就开始表现出不耐烦的情绪。现在的孩子究竟怎么了？"

为什么孩子不愿意和父母沟通呢？

其实，绝大部分原因不在孩子身上，而是在父母身上，是他们先关闭了和孩子交流的"窗口"。随着孩子年龄的增长，他们变得越来越独立，开始有自己的思想和主张，可是父母还依然把他们当成孩子，不给他们说话的机会和权利。孩子想要自己做主，父母就认为孩子不听话，对他们进行严厉的批评和指责，甚至是打骂。父母可能是站在爱孩子的立场，想要替孩子做一些决定，想做一些本应该由孩子自己做的事情。例如，为了孩子的未来考虑，父母让孩子学习钢琴、美术等孩子根本就没有兴趣的东西；再如，因为担心孩子不能够做好而拒绝他们大胆地尝试；等等。

可父母的这些做法，让孩子觉得自己没有了自由，父母给自己的限制太多。所以，孩子才更愿意和同龄人沟通，从他们身上寻求共鸣。因为他们知道，即便说出了自己的想法，也不一定能获得父母的认同，还有可能会受到批评和责骂，那么自己又为什么要浪费时间和父母沟通呢？

更重要的是，一些父母从来没有想过要了解自己的孩子，也根本不知道孩子心里在想什么。这些父母每天都和孩子在一起，接送孩子上下学，一起吃一日三餐，偶尔还会和孩子一起外出。但是，父母和孩子谈论的话题永远都离不开这几个主题：作业写完了吗？上课认真听讲了吗？考试成绩怎么样？你是不是又犯错了……至于孩子的兴趣爱好是什么，孩子最喜欢的明星是谁，最讨厌的东西是什么……这些问题，父母好像从来就没有关心过，也从来没有谈及过。久而久之，孩子自然就不愿意和父母交流沟通了，自然就对父母的一些问题敷衍了事了。

因此，当家长发现自己和孩子的沟通出现问题的时候，尤其是孩子明显不愿意沟通的时候，家长首先应该反省自己，想一想，自己平时的教育方式是否出现了问题？自己和孩子是否真正做到了有效沟通？

作为父母，应该多了解自己的孩子，了解他们心里真正的想法，了解他们的兴趣爱好，并且积极与孩子建立共同语言。一位中学生曾经自豪地对自己的朋友说："我爸爸实在太棒了！虽然他平时不打篮球，也不爱看篮球，但是每次我和他谈论 NBA 赛事，他都能侃侃而谈。我最喜欢的球员是詹姆斯，而我爸爸竟然比我还要了解他！"其实，这位爸爸并不喜欢打篮球，但是他知道自己的孩子喜欢，所以平时才会多加关注，并且详细了解孩子喜欢的球员和球队的情况。当然，正是因为这位爸爸努力了解孩子，并和孩子建立了共同语言，所以他们的关系非常亲密，沟通也没有任何问题。

父母应该明白，有效沟通应该是建立在平等交流、相互了解的基础上的。父母不要总是站在家长的角度去看待孩子的言行和想法，而应该给予平等交流的权利。当你以朋友的身份和孩子相处，而不是以命令的口吻和孩子说话时；当你总是鼓励孩子说出自己的想法，而不是把自己的想法强加给孩子时，孩子的话自然就会多起来。

即便你做不到和孩子有共同的兴趣爱好，那也要尝试着了解、欣赏它，切不可把孩子喜欢的事情贬得一文不值，更不要对孩子感兴趣的事情一无所知，因为这样只能让你和孩子的心理距离越来越远，孩子也越来越不愿意和你交流、沟通。

总而言之，孩子不愿意和父母沟通，其关键就在于孩子和父母的心是疏远的。心远了，怎么会有有效的沟通呢？

与其抱怨孩子不愿意和自己沟通，不如尝试着改变自己的教育方式，多了解孩子的内心，多倾听孩子的心声。如此，才能激发孩子坦诚地说出自己的想法，增进交流，改善亲子关系。

二、周末到了，让我们来谈谈心

我不知道有多少父母愿意拿出一些时间来和孩子谈心，也不知道做父母的多长时间才和自己的孩子谈一次心。可是我却知道，如果父母能够经常和自己的孩子真诚地谈谈心，聊聊孩子高兴和烦恼的事情，聊聊自己年轻时的经历、工作上的成绩，抑或是生活中的点滴小事，都可以让自己和孩子的心更加贴近，让孩子感觉到原来父母可以和自己这样亲近。

和孩子谈心的时候，往往是最容易和孩子沟通的时候。多和孩子谈心，父母不仅可以了解孩子的学习生活情况以及思想动态，帮助孩子解决所遇到的问题，还可以拉近与孩子之间的距离。

然而，现在的父母每天都很忙碌，有的父母干脆就把孩子"扔"给爷爷奶奶照顾，就连孩子的面都很少见到，更别提什么谈心了。一旦发现孩子出现问题，或是犯了什么错误，就严厉地训斥孩子，指责孩子不听话。久而久之，这些父母与自己孩子的感情距离逐渐拉大，沟通也就成了大问题。

不少父母在和孩子交流时，根本不是平等地谈心、聊天，而总是一副高高在上的姿态，或是想要借机训斥和批评孩子。试想，这样的交流方式，如何让孩子愿意与你亲近，愿意对你畅所欲言呢？

想要谈心取得好的效果，父母就应该放低自己的姿态，多说一些令人高兴的事情，即便想要了解孩子的情况，也要循循善诱、语气平和，千万不要一开口就问"学习成绩怎么样"，或是埋怨孩子表现不好，这只能让孩子产生抵触心理，拒绝和你交流。多给孩子肯定和欣赏，多了解孩子内心的想法，让他们说出自己的烦恼和问题，这才是父母和孩子谈心的最终目的。

2017 年 4 月，台湾才女林奕含自杀的事件让整个社会为之震撼，也让人们的视线聚焦在孩子的安全教育问题上。但是，我们需要重视的并不仅仅是安全教育的问题，还有父母与孩子的交流沟通问题。

林奕含曾经是人们眼里的才女，是一个幸福的女孩，年纪轻轻就创作了小说《房思琪的初恋乐园》。可是，人们不知道的是，在她 13 岁之后的时间里，她的内心备受煎熬，还患上了抑郁症，因为她在那一年遭遇了补习老师的性侵和诱奸，她的小说中的主人公就是她自己。高中时，她因为抑郁症而情绪不稳，大学时还因为抑郁症而休学。

遭遇了如此大的伤害，林奕含走不出来，所以最后选择了自杀。人们都在谴责那个补习老师，都在讨论孩子的安全教育问题，可是我们不妨反思一下：难道她的父母就没有一点儿责任吗？当孩子情绪不稳的时候，父母有没有好好地和孩子交流？当孩子患上抑郁症的时候，父母有没有探究其根本原因？

令人印象深刻的是，林奕含在书中有这么一段话：

刚刚在饭桌上，思琪用面包涂奶油的口气对妈妈说："我们的家教好像什么都有，就是没有性教育。"

妈妈诧异地看着她，回答："什么性教育？性教育是给那些需要性的人，所谓教育不就是这样吗？"

思琪一时间明白了，在这个故事中父母将永远缺席，他们旷课了，却自以为是还没开学。

我相信，林奕含也同房思琪一样，想要和妈妈谈心，想要诉说自己的痛苦与委屈，但是却因为种种原因而放弃了。就如同她自己所说的："父母对我不理解……"试想，如果父母能够多和孩子交流，真诚地和孩子谈心，或许孩子就可以逐渐忘却曾经的伤害，并走出抑郁，那么结局还会是悲剧吗？

作为父母，我们太少和自己的孩子交流了，太不善于倾听孩子的心声了，以致当孩子遇到问题时，不知道如何向父母说出自己的想法；即便孩子想要和父母谈心，却也被父母三言两语的敷衍扼杀了倾诉的欲望。

父母应该知道，我们是孩子最信任的对象，给孩子优越的物质条件固然很重要，但是最重要的是给孩子带去心灵的关爱，让彼此之间多一分了解、多一分亲密。所以，不要因为工作繁忙而忽视和孩子交流，也不要因为孩子年龄小，就认为和孩子沟通是没有必要的。

当然，和孩子建立良好的沟通并不是一两次的聊天和谈心就能解决的。父母可以定期和孩子谈心，不要给孩子太大的压力，轻松地对孩子说："周末到了，让我们来谈谈心吧！"当然，谈心的内容也没有限制，可以是让孩子高兴的事情，也可以是孩子近期的表现；可以是父母与孩子近期的旅行经历，也可以教给孩子一些和同学交往的秘诀；等等。

如果父母发现孩子情绪异常，如情绪低落、容易暴躁等，也要及时和孩子沟通，了解其背后的原因。父母只有多关心孩子，多和孩子谈心，才能走进孩子的世界，才能帮助孩子健康快乐地成长。

三、陪伴，是我们给孩子的爱

现在的父母越来越重视孩子的教育，都想办法给孩子最好的，包括最好的教育、最好的物质条件、最好的生活感受，等等。只要孩子能够成才，能够健康成长，即便是在孩子身上投资再多的金钱也不在意。

但是，我们不得不承认，父母给孩子的心灵上的关爱却越来越少了，陪伴孩子的时间也越来越少了。一些父母由于忙于工作，每天早出晚归，把孩子交给爷爷奶奶照顾，或是只能交给学校附近的小饭桌托管，他们连孩子的作业、考试都不关注，更别说花时间来陪伴孩子了。

还有些父母，迫于工作和生活的压力，不得不把孩子送回老家，而这样的孩子，就更缺少父母的关爱和陪伴了。

一个调查机构曾经做过一个调查，在接受调查的职场妈妈中，68.44%的人因为工作繁忙无法陪伴孩子，30%的人每天陪伴孩子的时间不到两小时，甚至有少数妈妈每天陪伴孩子的时间少于30分钟。这样的数据真的非常令人震惊，也让人感到唏嘘不已。父母给孩子的陪伴实在是太少太少了！

我们相信，所有的父母都是爱孩子的，只是每天都有很多事情要处理，而且想要为孩子提供更好的物质条件。可是，孩子的成长只有一次，错过了就没有机会重来。即便是再好的物质条件，也比不上父母的真心陪伴，父母的陪伴能够让孩子获得心灵上的满足，健康快乐地成长。如果父母由于一些客观原因，没有时间陪伴孩子，那么孩子就会认为父母并不爱自己，自己是多余的。时间长了，孩子就会和父母越来越疏远，性格也会变得越来越叛逆。

不妨看看我们身边的孩子，那些时常有父母陪伴的孩子，远远比那些缺少父母陪伴的孩子快乐幸福，成绩也要好得多，而那些长期缺少父母关爱的留守儿童，心理也存在着很多问题，如自卑、孤僻、叛逆、脾气古怪……

一位父亲在孩子不到两岁的时候就被外派到南方的城市，每年只有"十一"、春节等长假才能回家陪伴家人。由于长期不在家，孩子对父亲非常陌生，每次见到爸爸的时候都胆怯地躲在妈妈后面。他对孩子和妻子都非常内疚，可是为了事业却不得不做出这样的选择。

可是，一件小事却触动了他，让他毅然放弃经营了几年的事业，回到了孩子和妻子身旁。

原来，在一次语文考试中，作文题目是"我的家庭"，孩子用较多的笔墨描写了妈妈的美丽、勤劳以及生活中的点滴小事，可是写到爸爸的时候，孩子却只提了几句："我对爸爸很陌生，他几乎不在身边陪我，很久才回来一次。每次他回来的时候，我几乎都不认识他了……我非常羡慕其他同学，每周都可以让爸爸带他们出去玩……"

当这位父亲看到孩子的作文时，顿时泪流满面。他在内心问自己，自己努力工作不就是为了给孩子和妻子幸福的生活吗？不就是希望孩子能够健康成长吗？可是现在自己却让孩子过着没有父亲的生活。

于是，他毅然选择了辞职。之后，这位父亲有时间就陪孩子做功课、玩游戏，周末的时候就陪孩子爬山、游湖……很快，父子间建立了深厚的感情，而当初那个胆怯自卑的小男孩也变得开朗、自信。

所以，忙碌的父母们，多抽些时间陪陪自己的孩子吧！他们年纪还小，需要父母的照顾和关爱，需要父母的陪伴。只有这样，孩子在成长过程中的幸福感才会更强，性格才会更乐观。

陪伴是父母给孩子最好的爱。其实，做到真心地陪伴孩子并不难，只要父母愿意多抽出一些时间，陪孩子做做游戏，一起愉快地吃顿晚餐；或是在周末陪孩子逛逛公园、看场电影。即便是安静地陪孩子看看电视或待一会儿也是可以的。

当然，陪伴并不是陪同，陪伴孩子需要照顾孩子的感受，需要与孩子愉快地交流，更需要关注孩子精神和心理的需要。生活中，很多父母做到了陪孩子，但是仅仅停留在陪同的层面上。他们只是陪着孩子，与孩子待在一起，可心却没有和孩子在一起。陪孩子玩游戏的时候，他们手中拿着手机，不是刷微信就是聊 QQ；孩子让他们看美丽的景色时，他们不是敷衍地说着"是！是！"就是忙着在朋友圈发自拍……

陪伴太少或是无心的陪同，对孩子来说都是一种伤害。作为父母，如果你爱自己的孩子，就要用心陪伴自己的孩子，珍惜和孩子相处的每一段时光。因为在孩子成长的路上，父母的陪伴才是让孩子充满爱、充满幸福并且勇敢前进的力量。

四、陪孩子玩游戏，不是麻烦事

大多数父母存在这样的心理：孩子需要尽情地玩耍，平时想怎么玩就可以怎么玩，但前提是不要打扰自己，不要缠着自己。当孩子想要父母陪自己做游戏的时候，他们总是敷衍地说："好孩子，你要乖乖自己玩。妈妈正在忙，以后再陪你玩儿！"当孩子要求父母带自己到游乐园或是公园的时候，他们往往会找借口拒绝，不是说太忙了，就是说太累了。

这些父母是爱自己的孩子的，但是他们没有意识到的是，虽然自己给孩子提供了最好的物质条件，给孩子最好的教育，但是陪伴孩子的时间却越来越少了，和孩子之间的沟通也越来越少。

对于这些父母来说，陪孩子玩游戏是一件麻烦事，是没有必要的，他们认为小孩子和同龄小伙伴玩就好了。可实际上，这样的想法是大错特错的。每个孩子都需要父母的陪伴，这是任何物质都无法比拟的，也是任何小伙伴都无法代替的。父母的陪伴，能够让孩子感到温暖和快乐，让孩子变得越来越自信。

可是如果父母时常以忙碌为理由不陪伴孩子，一遇到孩子要求陪自己玩游戏时就找各种理由敷衍，或是不耐烦地让孩子"一边玩去"，那么就会给孩子造成严重的心理伤害。父母的敷衍和拒绝，会让孩子觉得父母并不爱自己，认为自己远远没有父母所做的事情重要。时间长了，孩子的心理就会产生很多问题，如自卑、孤独、脾气古怪。更糟糕的是，孩子会逐渐和父母疏远，变得越来越不信任父母。而到了这个时候，父母再想和孩子沟通，再想和孩子建立亲密的关系，就难上加难了。

我们教育孩子，无非是为了孩子健康地成长，将来能够幸福地生活，可为什么就不能多陪陪孩子，与他们一起快乐地玩耍呢？要知道，这才是父母给孩子最好的爱，这才是孩子们获得快乐的源泉。正如著名教育家卡尔·威特所强调的那样，孩子和父母一起玩，才能得到更多的快乐，而且比和小伙伴在一起玩的收获还要多。

朋友是一家公司的高级白领，事业有成，每天都比较忙碌。可是，她从来没有因为忙碌而忽视了孩子，只要有时间就陪孩子。孩子小的时候，她总是和孩子做一些简单的游戏，如搭积木、玩沙子、拼图，等等。只要孩子有兴趣，而且在保证绝对安全的情况下，她都会陪孩子玩个痛快，玩个高兴。

等孩子长大了，她就开始带孩子见识外面的世界，周末、节假日时常去参观美术馆、动物园；而到了孩子放寒暑假的时候，她就会特意请年假，和孩子一起去旅行。十几年下来，朋友和孩子走遍了全国大部分地方，不仅让孩子见识了大千世界的美好，更关键的是，孩子变得越来越乐观、快乐。

其实，对于孩子来说，她不仅是一个称职的妈妈，更是很好的朋友和玩伴。在平时的相处中，母子俩就像是朋友一样，无话不说、无话不谈。有时妈妈工作上遇到了不顺心的事情，孩子还像个大人似的安慰妈妈。用他自己的话来说，就是："妈妈，我是个男子汉，你有什么不开心的事情和我说，我的肩膀给你靠！"

作为父母，你羡慕这样的亲子关系吗？你希望孩子和自己无话不说吗？可是，在孩子的成长过程中，你连陪孩子的时间都没有，连陪孩子做游戏的耐心和兴趣都没有，你又凭什么奢望孩子能够和你亲密无间呢？

其实，孩子真的非常容易满足，只要父母愿意多花些时间陪陪孩子，多和孩子做些他们感兴趣的游戏，那么他们就会感到快乐和满足。即便是最简单的拼图、画画等游戏，有了父母的加入，孩子也会觉得无比快乐。

如果父母不肯花时间陪伴孩子，或是觉得陪孩子做游戏是一件麻烦的事情,那么就会在孩子与自己之间挖下一道鸿沟,让孩子的心离自己越来越远。如此一来,再怎么强调爱孩子,再怎么想要和孩子沟通,都是徒劳的。

所以说,聪明的父母们,多留些时间陪伴孩子,多陪孩子做游戏吧!如果你真的非常忙碌,那么陪伴的时间也不必太长,只要每天抽出半个小时或是一个小时就够了。在这段时间内,你可以陪孩子做一些他感兴趣的游戏,也可以让孩子与你一起做些简单的家务,或是在孩子临睡前给他讲个故事……

只要父母真心地陪孩子玩游戏,不把这件事当成是麻烦,并且和孩子进行心灵上的交流,那么,亲子关系如何能不其乐融融?孩子如何会不愿意和父母交流?

五、孩子,把你的心事讲给我听

作为父母,你倾听过孩子的心声吗?你时常耐心地听孩子讲述自己的心事吗?

很多父母的回答恐怕是否定的。事实上,很多父母在与孩子的相处中,总是说得多,听得少。父母在孩子面前都是教育者的身份,总是以家长的姿态对孩子进行说教,教孩子应该怎么做或者不应该怎么做,还时不时唠叨孩子几句:"你为什么就不听我的话?"

可以说,绝大部分家长永远都是说的那一个,却忘记了做一个倾听者,倾听孩子的心声,听孩子讲述高兴的事和不高兴的事。

显然，这是一种单向的沟通，也是一种错误的教育方式。对于孩子来说，他们有自己的想法和主见，有倾诉的欲望。父母如果一味地要求孩子做这个做那个，要求孩子听自己的话，却不愿意静下心来听孩子说，那么当父母想要和孩子说话的时候，孩子也不愿意听了。这样，父母和孩子的心与心之间只能越来越疏远，而彼此之间的沟通就会有障碍。

　　一个小女孩在学校上了一节有趣的手工课，并亲手用十字绣绣成了一只可爱的小兔子。小女孩感到非常自豪，放学之后便迫不及待地拿给妈妈看。这时候，妈妈正在做饭，听到孩子的话，头也没抬地说："好了，好了，我知道了。我正在做饭，没空看你的兔子，你快别在这里添乱了。"

　　妈妈的态度让小女孩感到非常失落，可想到妈妈正在做饭，确实没有时间看自己的手工，便没有太在意。过了一会儿，全家人坐在饭桌旁吃饭，小女孩又拿出了自己的十字绣，想要让妈妈看。可妈妈再一次打断了她："现在正在吃饭，不许做其他事情。"

　　这个晚上，小女孩几次想要和妈妈分享自己的手工，说一说自己这节有趣的手工课。可是，妈妈都没有给她好好说话的机会，不是简单粗暴地打断她的话，就是敷衍地说"嗯，很好，很好……"

　　最后，小女孩终于爆发了，她冲着妈妈大声喊道："妈妈，你就不能好好听我说话吗？我满心欢喜地和你说高兴的事情，你不是打断我就是敷衍我，真是太令我失望了！我以后再也不和你说话了！"

事实上，小女孩的遭遇在现实生活中并不少见。很多父母不懂得倾听孩子内心的声音，或是以忙碌为借口，或是没有意识到倾听的重要性。当孩子想要和他们谈话或是分享自己的快乐和苦恼时，他们总是敷衍了事，用"嗯嗯""好，好""知道了"等话语来打发孩子，甚至表现出非常不耐烦的态度："等会儿再说吧，你没看到父母很忙吗！""你这孩子怎么这么不懂事！我都这么忙了，你还捣乱！"

父母不知道的是，就是他们的敷衍和不耐烦，关闭了和孩子交流的大门。当他们拒绝孩子诉说的要求时，孩子就会感到被父母轻视，一些个性要强的孩子还会因此产生叛逆情绪，从此再也不向父母诉说，甚至从此不服从父母的管教。

倾听是父母的必修课，是使孩子健康成长的关键。我们大人都希望别人能够倾听自己的心声，自己可以诉说快乐、忧愁、幸福、悲伤，更何况是一个孩子呢？所以，父母应该学会倾听，当孩子主动向你倾诉的时候，一定要认真耐心地倾听。即便手中有要做的事情，也应该先停下来，用眼睛注视着孩子，对他说："哦？什么事啊，说来听听吧！""孩子，有什么高兴或是烦恼的事情，说给妈妈听听吧！"孩子诉说完之后，父母还可以简单地附和一下，比如"是的，这真让人高兴！""这件事情真有趣！"

当然，如果孩子向父母诉说烦恼或是遇到的麻烦，父母应该帮助孩子想办法解决问题。

不管怎么说，在教育孩子的过程中，听与说有着同等重要的地位。

倾听是父母与孩子心与心的对话，是感情的交流和沟通，也是父母对孩子的理解和尊重。父母应该善于倾听孩子说话，这是了解孩子想法的第一步，也是走进孩子内心世界的关键。

父母绝不是绝对意义上的言说者，更不能剥夺孩子说话的权利。如果父母说得太多，听得太少，那绝不是高明的教育方式。也许你关上耳朵一次，孩子的心门就永远不再为你打开了。正如英国教育家斯宾塞所说的："家长一般很少向孩子透露自己的内心世界，只习惯于做道貌岸然的训导者，但反过来却要求孩子向自己暴露一切。这种不平等的要求，当然不可能取得好的效果。"

所以，想要和孩子有效地沟通，父母就应该学会倾听孩子的心里话，哪怕有时孩子的观点是错误的，也要耐心地听孩子讲完，然后帮孩子纠正。

六、多给孩子一些信任

有人说，中国家长对自己孩子的信任度是世界家长中最低的，绝大部分家长会在不经意间表现出对自己孩子的不信任。听到这样的评价，相信很多家长会愤愤不平，认为这是无稽之谈。可是，这却是不争的事实。

身为父母，我们可能无数次怀疑或是猜疑过自己的孩子：周一早上，当孩子说自己肚子疼的时候，父母会怀疑孩子是不是因为不想上学而说谎；发现孩子成绩下降了，父母就会猜疑孩子是不是上课不认真听讲了；孩子在学校做功课晚回家了，父母又怀疑孩子是不是到哪里疯玩了；而看到女儿和某个男同学走得近些、来往多了些，就开始琢磨孩子是不是早恋了……

事实上，绝大部分父母的想法是矛盾的，他们既希望孩子能够信任自己，和自己进行真诚的交流，但是又不愿意相信自己的孩子，总是凭自己的直觉来怀疑孩子。即便孩子说出了真心话，也会被怀疑是假话。可父母应该知道，信任是相互的，身为父母的你无端地怀疑和猜忌孩子，又怎么能让孩子无条件地信任你呢？

孩子从懂事开始，就渴望得到父母的信任和肯定，这是他们不断进步、积极向上和实现自我价值的一种内在驱动力。父母的信任会让孩子感到自己是成功和优秀的，父母对自己是肯定和尊重的，孩子会因此对父母更加信任和尊敬，也更加愿意亲近和服从，并且愿意把自己的想法告诉父母。孩子如果总是受到父母的怀疑，那么其内心就会受到极大的伤害。尤其是处于青春期的孩子，他们最难接受、最害怕的，就是别人不信任自己。

我们不妨听听孩子的抱怨："妈妈从来就不相信我。我以前成绩是不好，但是这段时间我确实努力了，下了很大功夫才考了不错的成绩。可是，妈妈却怀疑我，认为我作弊了。我实在是太伤心了！""大人们实在是太多疑了，时常疑神疑鬼的。不管我做什么说什么，他们都质疑其真实性。或许在他们看来，我就是不值得信任的吧！"

是啊，父母对孩子的不信任，会给孩子的心灵造成极大的伤害。当父母对孩子的行为产生怀疑的时候，他们内心就会产生严重的挫败感，并逐渐失去对父母的信任和依赖。心理脆弱的孩子，还可能会因为父母的怀疑和不信任而变得自卑、抑郁甚至是自闭。

所以，多给孩子一些信任吧！不要动不动就怀疑孩子，更不要因为孩子曾经犯过错就再也不信任孩子。要知道，只有父母给孩子足够的信任，孩子才能健康快乐地成长。事实上，相对于中国父母来说，国外的父母对孩子的信任度就高很多。

一个英国的旅游团到南亚旅游，一个八岁的小女孩也和爸爸妈妈一起参加了旅游团，想要见识不一样的风景。当她在海滩上玩耍的时候，无意间看到潮水在短时间内迅速地退去，这让她想起了老师所讲的知识：如果海水退得快，涨得也快，那么就有可能形成海啸。潮水退去的速度有多快，海啸就会以同样的速度涌上沙滩。她立即将自己的发现告诉父母，说海啸马上就要来了，希望妈妈通知导游和其他人立即撤退到安全的地方。

如果你是这个小女孩的妈妈，你会怎么做？是选择相信自己的孩子，还是认为这只是孩子的一个恶作剧？

相信绝大多数中国父母会选择后者，然后狠狠地批评孩子一顿！

可这位伟大的母亲相信了自己孩子的话，并且把这一情况告诉了旅游团成员以及海滩附近的游客。事情的结果是，因为父母相信了小女孩的话，整个旅游团和很多游客躲过了海啸。

或许很多父母会认为这是东西方教育方式和文化背景的不同，但是我要说的是，你也可以做到足够相信自己的孩子，只要你从心底愿意了解并欣赏自己的孩子。当然，信任自己的孩子，不仅要相信孩子所说的话，更要相信孩子的能力，相信孩子的选择和决定。

我国教育家陶行知先生曾经说过："教育孩子的全部秘密在于相信孩子和解放孩子。"身为父母，多给自己的孩子一些信任，减少那些否定、怀疑的词语。当你这样做了之后，你会发现，不管是孩子还是你自己，都将收获更多！

七、大人说话，小孩子别插嘴

当你和朋友聊天的时候，如果孩子也想加入进来，你会怎么做？当你和爱人讨论假期旅行计划的时候，孩子也想提点自己的意见，你会如何处理？

很多家长的第一个想法就是：大人说话，小孩子插什么嘴。因此，他们会第一时间大声训斥孩子："大人说话，小孩子别插嘴。"因为他们觉得孩子还小，什么事情都不懂，所以时常以"别插嘴"来阻止孩子说出自己的想法，拒绝孩子参与成人的谈话。他们更是认为，孩子插嘴是对成人间交谈的干扰，是一种不礼貌的行为。

或许他们觉得自己这样做并没有什么不妥，但是父母应该知道，随着孩子年龄的增长，他们的好奇心也越发强烈，对一切事物都感兴趣，再加上自我意识的发展，便有了很多自己的思想和看法。他们有强烈的表达想法的欲望，想要在大人讨论问题的时候发表一下自己的看法。这不是插嘴，而是表现自我的体现，更是渴望与父母交流沟通的体现。

这个时候，父母的态度对孩子的成长起到了至关重要的作用。如果父母积极对待这个问题，鼓励孩子说出自己的看法，并且正确引导孩子的一些不成熟、不正确的想法，那么，孩子就会越来越勇敢，越来越独立，越来越自信。可是，如果父母总是把"大人说话，小孩子别插嘴"挂在嘴边，扼杀他们的表现欲，孩子或许就会因为父母这样一句话而受到伤害，变得怯懦、自卑，从而越来越不愿意和父母交流。

上中学的小豪放学回家后，看见爸爸妈妈正在谈事情，好像是在谈爸爸工作上的事情，于是他关心地问道："爸爸，你工作上出现问题了吗？"

妈妈说："没事，没事。你快去做作业吧！"说完，就一下把小豪推到了书房。小豪有些失望，但是还是听话地开始做功课。吃饭的时候，爸爸妈妈还在谈论着这件事情，爸爸说："这次机会对我来说非常重要，如果能够拿下这个项目，肯定就能升职加薪了。可是，项目风险还是挺大的，做不好的话，恐怕会给领导留下不好的印象。"

妈妈说道："我觉得现在稳定是最重要的，我们的生活条件已经不错了，你为什么还要冒险呢？"

小豪却不赞同妈妈的观点，他对爸爸说："没有什么事情不冒险，风险越大收益就越大啊。既然是大好机会，爸爸为什么不敢去尝试呢？"

这时候，妈妈瞪了小豪一眼，说道："你小孩子家家懂什么，大人的事情，小孩子不要插嘴！"小豪还想说点什么，可是看到妈妈的脸色不对，就没有再多嘴。

其实，虽然小豪不懂爸爸工作项目的事情，但是他说的道理却是正确的，可他的爸爸妈妈却因为他是个孩子，就完全忽略了他的话。这极大地打击了孩子的积极性，伤害了孩子的自尊心。从此之后，小豪就很少关注爸爸说的话，即便父母想要和自己讨论关于学习和生活的事情，他也总是嗯嗯啊啊地应付。

孩子虽然是孩子，但是他们和父母之间是平等的。如果父母认为孩子想要加入大人们的讨论就是捣乱，那么孩子就会认为父母不尊重自己，就会对父母失去信任。之后，孩子有了事情也不会和大人说，而是把所有事情都放在自己心里。

虽然孩子的世界和大人的世界有所不同，但是，父母完全没有必要把大人的世界和孩子的世界划分得那么清楚，更不要把孩子当成什么也不懂的人。在和其他人讨论事情或是聊天时，尤其是讨论和孩子有关的事情时，不妨让孩子加入进来，鼓励他们说出自己的想法，如此一来，父母与孩子才能更融洽地相处，父母才能全面地了解孩子的思想。

另外，鼓励孩子说出自己的想法，让其自由发表个人的观点，还可以释放他们的天性，培养孩子分析问题和解决问题的能力。何乐而不为呢？

当然，很多时候，父母所讨论的话题可能是孩子无法理解的，这时候，也不应该呵斥着打断孩子，说"大人说话，小孩子别插嘴"之类的话。父母可以巧妙地安排孩子做一些别的事情来转移他们的注意力，这才是不伤害孩子自尊心的好办法。

最好的办法就是，父母可以尝试着引导孩子不要随意打断父母或是其他大人的谈话，让他们知道什么时候才是合适的说话时机，什么样的表达方式才是正确的，等等。更重要的是，父母还应该尝试着和孩子讨论家庭的问题，尤其是关于孩子生活学习的问题，如报什么培训班、如何布置孩子的房间、假期怎么安排，等等。

只有父母平等地看待孩子，对他们多些耐心，静下心来听听孩子的看法，而不是因为孩子的插嘴而觉得不耐烦，孩子才能真正接受父母的教育。

八、孩子的世界，父母应该多懂一些

孩子的世界，父母懂得吗？孩子的想法，父母了解吗？

很多父母可能会信心满满地说：当然了，孩子是我生的，是我养大的，我非常了解自己的孩子。难道还有人比我更了解、更懂自己的孩子吗？

可事实上，有很多父母并不了解自己的孩子，并没有真正地走进孩子的世界。他们声称了解自己的孩子，可却时常误解自己的孩子：当孩子犯错的时候，父母只会责怪孩子不听话；当孩子做出叛逆行为的时候，父母也只会冲孩子发火……他们想要孩子向自己说出内心的想法，可是却时常因为种种原因而拒绝倾听孩子的倾诉，最后却抱怨孩子为什么总是那么不听话，想知道孩子到底在想些什么，为什么什么事情都不愿意告诉自己。甚至有些父母觉得孩子的世界实在是太难懂，太难接近了，觉得孩子和自己总是不在一个频道上。

究其原因，就是父母并没有尝试着真正走进孩子的世界，没有和孩子站在平等的位置上。正因为如此，不仅父母无法了解孩子的想法和要求，不能理解孩子某些"奇怪"的举动，还会导致亲子之间产生沟通问题。

父母应该知道，人与人之间产生误会和矛盾，就是因为彼此不了解，而彼此不了解则是因为沟通太少，或是沟通的方式出现了问题。亲子之间也不例外，如果父母和自己的孩子没有有效的沟通，不勤于沟通，那么彼此之间就会产生很多的分歧和误解。即便亲子之间是血浓于水的关系，即便父母和自己的孩子始终生活在一个家庭之中，父母也很难懂得并走进孩子的世界。

简单来说，这两者也是互为因果关系的。沟通少了，父母自然就不会懂孩子的世界，从而产生诸多的矛盾和误会；而父母没有走进孩子的世界，对孩子的想法和行为不了解，自然就会产生沟通障碍，导致彼此的沟通越来越少。

所以说，聪明的父母知道如何走进孩子的世界，了解孩子的愿望和要求，从而取得孩子的信任和支持。时间长了，孩子自然就会敞开自己的心扉，倾诉自己的心事和想法。

小芬一放学就躲进了书房，不出来吃饭，也不和爸爸妈妈说话。妈妈叫了她几声，她还是没有任何反应，这时候妈妈不免责骂了她几句：

"这孩子到底怎么回事？妈妈叫你吃饭，你也没有反应，真是太没有礼貌了！"谁知，小芬竟然跑出来对着妈妈大吼了一通就又回房间了。

妈妈正想要教训一下孩子，爸爸却拦住了她，说："女儿肯定有心事，我们应该多了解一下。"妈妈却抱怨说："这孩子越来越不像话了，有什么事情难道不能和爸爸妈妈说吗？为什么要和父母发脾气呢？"爸爸笑着说："没关系，我去和她谈谈。"

爸爸轻轻地敲了敲门，然后走进小芬的房间，说道："宝贝儿，发脾气也解决不了问题，到底发生了什么事情，能和爸爸说说吗？"小芬一听爸爸的话，泪水夺眶而出，说起了自己的委屈。原来，今天小芬和班上的男生发生了矛盾，虽然事后小芬承认了错误，但那个男生得理不饶人，一再地找她麻烦。快放学的时候，男生的妈妈知道了这件事情，不仅没有劝解自己的孩子，反而责骂小芬没有教养，叫男生不要和坏孩子交往。最后，小芬委屈地说："我当时太委屈了，她为什么那么说我？当时，我真的希望爸爸妈妈在身边啊！"

听了女儿的话，爸爸赶紧劝导和安慰她，小芬的情绪也逐渐平静了下来。事后，小芬和爸爸说："爸爸，您当天的安慰和倾听给了我希望和自信，不仅让我从委屈和失落中走了出来，还让我有勇气检讨自己。谢谢爸爸能懂我！"

这位爸爸是聪明的，当孩子情绪低落甚至是发脾气的时候，他没有责怪孩子不懂事、不听话，而是想要了解孩子是不是有心事，是不是遇到了什么麻烦。正是因为他及时地给予了孩子安慰，倾听孩子的委屈，所以他才顺利地走进了孩子的世界，赢得了孩子的信任。如果他没有能够做出有效的沟通，只顾着责怪孩子，恐怕只会让孩子和自己越来越疏远。

所以说，作为父母，我们除了要询问孩子"吃饱了吗""还想要什么"，关心孩子的学习和生活之外，还应该尝试着走进孩子的世界，了解和懂得孩子的世界。多询问孩子"你今天感觉怎样""你是怎么想的""你为什么不高兴"，等等，让孩子说出自己内心的真实感受，说出自己想要说的话，并且不要忘了给孩子亲昵的抚摸和拥抱。这样一来，亲子之间才能多一分了解，少一分误解。

只要父母多一些耐心，多一些细心，孩子的世界并不难懂。

第 二 章
要想说出的话有力量，不吼不叫不唠叨

"良言一句三冬暖，恶语伤人六月寒。"鼓励的语言能让人忘记感伤，训斥的语言能让人倍感失落。要想孩子愿意听你说话，要想你说出的话有力量，就要做到不吼不叫不唠叨。孩子脆弱的心灵需要美丽语言的守护，因为只有置身于优美语言构筑的世界中，孩子的智慧才能散发出更加耀眼的光芒。

一、迁怒于人: 我到底是在朝谁发火

每个人都有这样的经历：心情好的时候，看身旁的人个个都非常顺眼，好像天空都格外蓝；可心情不好的时候，看谁都不顺眼，就连明媚的阳光都觉得刺眼。这个时候，糟糕的心情会让我们格外烦躁，心中更是燃起一股无名之火，随时都可能迁怒于他人。当然，迁怒的对象往往就是与自己最亲密的人——家人、父母或是爱人，甚至是还不懂事的孩子。

我时常看到身边的家长向自己的孩子发火：工作不顺利了，把火发在孩子身上；夫妻吵架了，孩子又无辜受到波及；路上车子爆胎了，回

家看到孩子正在顽皮，于是把孩子胖揍一顿……

看看下面的情形吧！

孩子正在一旁看电视，妈妈却突然大声地吼道："整天就知道看电视，今天的作业做完了没？如果没做完，就不许吃晚饭！"这时候，孩子是蒙的，不知道妈妈为什么要对自己发火，因为这个时间就是自己的休闲时间啊！这个时间看电视是妈妈允许的啊！事实上，只有妈妈知道，孩子并没有做错什么，是自己因为工作上受了委屈而把火发在了孩子的身上。

再看看下面的情形，你是不是很熟悉？是不是自己也犯过同样的错误？

顽皮的小宝宝拒绝吃饭，喂了几次后都拒绝张嘴，妈妈烦躁地对着小宝宝大叫："快吃！"可这丝毫影响不了小宝宝，他依旧顽皮地拒绝妈妈喂饭，因为他根本不知道妈妈在发火。接下来，稍大一些的大宝和妈妈说："妈妈，我不想吃胡萝卜！"这下，妈妈的怒火升到了顶点，并全部发到了大宝身上。可年幼的孩子并不知道，自己其实并没有犯什么错，妈妈只是把之前的火发到了自己身上。

实际上，容易迁怒孩子的家长，往往会给孩子的心理造成很大的伤害。只要爸爸妈妈脸色稍有不对，孩子就会产生恐惧心理，生怕自己无缘无故被责骂，甚至是招来一顿打。更为严重的是，父母的迁怒可能让孩子滋生自卑、胆怯的心理，因为他们不知道自己做错了什么，明明自己没有犯错，为什么父母要责骂自己？时间长了，孩子就会对自己产生怀疑，不管做什么事情都要看父母的脸色，唯唯诺诺、小心翼翼。

孩子的内心是敏感脆弱的，他们最依赖的人就是爸爸妈妈。如果家长因为工作上的压力或是夫妻间的矛盾以及生活琐事而迁怒孩子，就只能把孩子推向无助的深渊。孩子内心会产生这样的想法：我是不是做错了什么？妈妈生气是不是因为我不乖？我是不是多余的？妈妈是不是很讨厌我？

或者孩子还可能走向另一个极端——叛逆。内心对父母产生反感，和父母的关系越来越疏远，甚至想要逃离父母，因为他们不愿意成为父母宣泄的对象。

事实上，很多父母事后很快就会后悔自责，然后立即安抚孩子，或是由于对孩子心生内疚而给孩子物质上的"补偿"。或许父母觉得这样会给孩子安慰，但孩子却感到莫名其妙，不理解父母为什么一会儿发火，一会儿又给自己奖励。时间长了，孩子也会慢慢变得喜怒无常。

因此，身为父母，要学会控制自己的情绪，不要随意迁怒孩子，更不要拿孩子撒气。这样的行为，不仅无法让自己宣泄不良情绪，反而会对孩子的心理造成巨大的伤害，对年幼的孩子来说更是如此。

人们常说，愤怒是无能的表现。在这里，我们要说，迁怒于孩子是父母无能的表现。聪明的父母不会把情绪发泄在无辜的孩子身上，而是会找合理的渠道和方式来宣泄自己的不良情绪。如果是工作上的烦恼，可以和自己的家人诉说；如果是生活上的琐事，可以和朋友倾诉；如果是夫妻感情上的问题，除了彼此沟通之外，还可以做一些缓解压力、释放情绪的事情。

总之，疏解不良情绪的方式有很多，而向孩子发火则是最糟糕的方式。拿孩子撒气，不仅让自己的情绪更加糟糕，还会伤害孩子。

孩子是无辜的，他们应该得到父母的关爱和呵护，而不是成为被无端迁怒的对象。所以，当父母遇到不顺心的事情或是心情不好，想向孩子发火的时候，不妨数三个数，然后问自己：我到底是在朝谁发火？我的孩子没有做错什么，我为什么要迁怒于他？

当父母学会了控制自己的情绪，不再迁怒于孩子时，孩子收获的就不再是伤害，而是快乐以及父母满满的爱！

二、除了吼叫，我还能做什么

你有过吼叫孩子的经历吗？

当我向周围的家长提出这个问题时，回答吼过的父母明显比没有吼过的父母多，而且吼孩子的原因大多是"孩子不听话""都是被孩子气的"，如孩子不好好吃饭，不收拾玩具，不愿意洗澡，赖床不想上学等。反复提醒不听，就容易让家长在不知不觉中提高声音，加快语速，表情变得狰狞了，口不择言，甚至冲动地打骂孩子。

但事实是这样吗？

其实，当孩子出现错误的行为时，他可能根本不知道那是错的，或者没有能力理解那是错的，而是觉得父母在阻止、反对他做想做的事情，所以他会生气，根本不理会父母的命令，会更加想做那件事。但父母又急切地想要孩子服从自己的命令，在这种愤怒情绪和想控制孩子的想法下，矛盾就出现了。

一个不争的事实是，家长的坏情绪和吼叫是破坏亲子关系最有杀伤力的武器。

面对经常大吼大叫的家长，孩子不知道什么时候会惹父母生气，就好像把一个不定时炸弹带在身边，不知道说了什么做了什么就引爆了，情绪时刻处于一种紧张的状态。久而久之，孩子会孤单无助，和父母之间的心理距离慢慢拉远，不敢或不愿把自己内心真实的想法或感受告诉父母。

我们对孩子吼叫的时候，孩子只会服从或者反抗。如果孩子服从了，有可能是口服心不服，等到孩子忍无可忍的时候，他就会用更强烈的方式表达不满，他会变得暴躁、易怒、霸道，也会习惯用"吼叫"来解决问题。这时，我们的吼叫就已经失去了制服他的效力，他也就"名正言顺"地进入了叛逆期。

不久前，我家对门搬来了新住户，是一家三口，本应该是其乐融融的，可是从搬来那天起，气氛就开始不对了。妈妈一整天一直训孩子："快点吃，都几点了？""晚上不睡，早上不起，吃个饭磨磨叽叽！""把电视给我关了，我出门遛弯儿时就让你练琴，你干吗了？"……孩子的语气听起来也很不耐烦："哦，知道了，知道了，别说了。"妈妈又说："你还犟嘴？我说错了？说你多少遍了，你听过一次吗？"……

在门口偶遇时，这位妈妈一提起孩子就直摇头："我家孩子太不听话，油盐不进，好说歹说就是不听，而且根本不在乎我说什么，唉！"一次偶然的机会，我问那个孩子为什么不听妈妈的话，那个孩子耸耸肩说："我不知道妈妈大喊大叫到底是想要我怎样，那时候我根本听不进去她说什么，满脑子想的都是'别骂了，什么时候结束'。当妈妈喊累了，我只知道暴风雨般的责骂终于结束了，可以松一口气了。"

吼叫有效吗？很显然，当父母吼叫的时候，始终观察着他们、把他们看作唯一依赖的孩子，眼见最亲爱的父母失去控制，这样只是让孩子知道父母对他的行为非常生气，只是通过威胁或者恐吓阻止某些行为，只是表达了父母的负面情绪。父母越是吼叫，孩子越是不知所措，最后的结果越不尽如人意。

让孩子听话真的有那么难吗？

学着冷静一点吧，意识到自己的情绪变化要及时叫停，努力让自己平静下来，控制住不对孩子发火。这意味着父母要通过情绪疏导让自己感觉良好，比较有效的方法是吼叫之前深呼吸几次，在心里默念1、2、3……或者投入到让自己放松愉悦的事情中，这样才不会因为自己的情绪问题而让孩子远离我们。

要记住，孩子就是孩子，调皮捣蛋是正常的，不听话是难免的，这是孩子的权利。孩子本来就是不成熟的人，需要不断地在体验中学习，在亲自探索中了解认识事物，所以难免会犯错、会闯祸、会捣乱。而且像我们成年人一样，孩子并不喜欢任由负面的感觉所控制和摆布，当父母心平气和的时候，他们会很愿意合作。

做到以上这些并不容易，这需要父母极大的自控力。如果这次你又没忍住吼了孩子，那么事后一定要抱着他告诉他，即使他犯了错、闯了祸，你吼了他，但依然爱他。这样会让你和孩子的感觉都好一些，有利于接下来进一步的沟通和交流。

三、这也做不好，那也做不好，你还能做什么

所有父母都希望孩子能够早日成才，成为自己心中最优秀的人。可一个讽刺的事实是，很多父母却做着与自己的愿望相反的事情。他们总是不停地指责孩子：孩子成绩不理想，嘴上不免训斥几句；孩子调皮捣蛋，不免批评一番；看到孩子房间有些乱，又大声喊叫几句……

还有些父母动不动就冲孩子发火，想说什么就说什么，想骂什么就骂什么，完全不顾及孩子的感受。一而再，再而三之后，父母往往习惯对孩子说出这样的话：

"这也做不好，那也做不好，你到底还能做什么！"

"你说说，你能做好什么？简直就是一无是处的笨蛋！"

"别人各个方面都优秀，你哪个方面能拿得出手？你的脑袋是不是少根筋啊！"

"太没出息了，你以后就是给人打扫厕所的命！简直是太丢人了！"

……

我们相信，很多时候，这些话都是父母气愤之余脱口而出的，他们的本意不是要伤害孩子，而是希望孩子能够记住教训，以便下次做得更

好。但是，这些父母不知道的是，这样伤人的话语不仅无法让孩子做得更好，反而会真真切切地伤害孩子的自尊心。这些父母没有留意到的是，当自己因为愤怒而说孩子"这也做不好，那也做不好""简直一无是处"的时候，孩子脸上的神情是委屈、失望甚至是绝望的。这些父母也没有意识到，这些刻薄伤人的话语，在孩子幼小的心灵上留下了深深的伤痕。

所以，父母不应该把那些伤人的话用在孩子身上，因为这些话就像是毒箭一样，足以让一个人陷入绝望的境地，对自己失去信心和希望。我们大人都承受不住别人一而再，再而三的否定，更何况是一个思想还未成熟的孩子呢？

十几岁的孩子应该是快乐、健康、积极向上的，可是一个小女孩却比其他孩子多了许多忧郁和伤感。她的成绩总是在中下游徘徊，不愿意和同学交往，遇到老师提问的时候就低着头，不敢大声回答问题。

为了改变小女孩目前的状况，老师进行了一次家访，而这次家访让老师知道了导致小女孩现状的原因。当老师刚刚说明家访的原因时，小女孩的妈妈就气愤地说："这个孩子真是太不让人省心了！学习不用功，在家里做作业也是慢吞吞，一点上进心也没有！""孩子这也做不好，那也做不好，我们真的不知道她还能做好什么！"

听到这些话，老师看了看一旁的小女孩，只看见她紧张地坐在沙发的一角，头埋得很低，两只手紧紧地搅在一起，还眼含泪花。

其实，这个小女孩之所以成绩不佳、没有自信，完全是家长教育不当的结果。在父母眼中，孩子一无是处，什么也做不好。在日常生活中，不管孩子做什么事情，得到的永远是指责和批评，没有一句表扬和肯定。试问，在这样的环境中成长，孩子如何能够快乐积极？又如何能够做好事情？

虽然孩子由于身心发展水平较低、自我控制能力比较差等原因，时常犯一些错误，但是这些都是不可避免的，也是情有可原的。如果父母因为孩子偶然犯错或是做不好事情，就指责孩子"这也做不好，那也做不好""是个笨蛋"，势必会给孩子的心理造成伤害，让孩子真的变成"一无是处"的人。

或许这个小女孩有一些缺点，但这绝不代表她一无是处；或许她有些事情做得不够好，但是绝不是什么都做不好。可小女孩的父母却总是指责孩子这不行、那不行，而对她的优点和成绩视而不见，这才导致小女孩彻底失去了自信心和自尊心，做什么事情都唯唯诺诺。

或许在最开始，当父母说她"什么也做不好""是个笨蛋"的时候，她内心的反应是"不，我不笨"，但是，父母一而再，再而三地指责和打击，让她在大多数时候选择相信父母的话，认为自己就是一个"笨蛋"，认为自己什么也做不好。时间长了，孩子自然就会形成一种错误的认识："是的，我不行！我什么也做不好，我就是一无是处的人！"而这种消极思想表现在行动上，就是放弃努力、消极对待。

父母应该明白，每个人都是有自尊的，孩子虽然小，但是自尊心更强。他们不喜欢被批评，更不喜欢被说得一无是处，即便自己的孩子的能力和其他孩子有些差距,成绩不如其他孩子优秀,父母也应该时常鼓励和表扬,强调和肯定他们优秀的一面。孩子受到了肯定和鼓励,自然就会增强自信,努力让自己变得更好、更优秀。

所以,那些伤人的话,父母还是不说为好!

四、很多话,说一遍够了

很多时候,父母想要孩子听从自己的教导,教导孩子应该怎么做,一旦孩子不顺从自己的心意,便不停地强调、说教,翻来覆去,便成了唠叨。

可以说,一句话不断地重复,一件事情总是不停地唠叨,这是绝大部分父母共同的特点。但是,父母也应该注意,这一特点也恰恰是绝大部分孩子最厌烦的一点。

这是因为,随着孩子年龄的增长、心理的逐渐成熟、自主性和个性的发展,他们越来越不喜欢父母的长篇大论,更不喜欢看到父母变成电影中的唐僧,没完没了地唠叨。他们希望父母能够理解自己,能够给自己适当的建议,而不是没完没了的唠叨和喋喋不休的抱怨指责。

更何况,父母的唠叨往往是指责的多,夸奖的少;抱怨的多,安慰的少;批评的多,表扬的少。于是,孩子便会对父母的唠叨产生不满甚至是厌烦。

事实上,很多事情只要父母稍微提醒一下或是嘱咐一次,孩子就明白了。即便是犯了错误,父母只要适当地进行批评,孩子就会认识到自己的错误，并且积极地改正。例如，当一个马虎的孩子出门忘了带铅笔盒的时候，父母不应该不停地埋怨孩子"忘性大""总是丢三落四"，而是应该在出门的时候提醒孩子检查书包，看是否有遗漏的东西。相信这样的提醒和建议，比抱怨孩子马虎更有效，更有利于帮助他改正这一不良习惯。

一个孩子就曾经抱怨说："我妈妈整天唠唠叨叨，一件事情总是不停地在我耳边重复。我真的受不了了，恨不得在耳朵里塞上纸团。"这个孩子非常无奈地说："我知道，妈妈是为了我好。可是，我已经长大了，该懂得的道理已经懂得了。真不知道妈妈这样没完没了地唠叨有什么意义！"

一天，这个孩子回到家之后，想看会儿电视再写作业，妈妈也同意了。可刚过十分钟，妈妈的叨唠便已经如潮水般涌来："你的成绩只是中上游，这快考试了，可不能老想着看电视啊！""你可要努力，争取这次考试拿个好成绩！""电视是最影响学习的，你不能每天总想着看电视！""别看了，去，赶紧学习！""怎么还坐在那里不动，如果你学习有这个劲头，成绩肯定差不了"……

孩子为了避免妈妈没完没了地唠叨，只好赶紧关了电视，坐在了书桌前。可是这时候，孩子早已经被妈妈的唠叨弄得烦躁不已，哪里还有心思学习？坐在书桌前只是看着书本发呆而已。

或许父母会认为，这千叮咛、万嘱咐才是对孩子的爱和用心良苦。可事实上，这种用唠叨的方式表达出来的爱，换来的往往不是孩子的理解和改变，而是孩子强烈的反感和不满。

父母的唠叨远没有给孩子合理的建议对孩子的帮助大。我们知道，上面这个妈妈只是担心孩子因为看电视耽误了学习，这也是情有可原的，毕竟孩子的自制力比较弱，很容易因为看电视而忽略了学习。但是这个妈妈却选择了错误的方法，那就是没完没了地唠叨，而这并不是最有效的办法，对孩子没有任何影响。而且时间长了，这个妈妈会把唠叨当成一种习惯，孩子则对唠叨产生抗体，甚至会对妈妈的唠叨变得麻木。

相反，如果这个妈妈事先就和孩子达成协议，例如看半个小时电视之后必须学习，或是帮助孩子制订合理的时间计划，安排好看电视和学习的时间，那么，等孩子的学习时间到了，她只需要说一句"学习的时间到了，你必须按照协议或是时间计划做事"，就可以了。

所以说，在教育孩子的过程中，嘱咐、批评或是提醒，都应该点到即止，说一遍就够了。讲得多了，没完没了地唠叨，不仅不会让自己说的话有力量，还可能会适得其反，激起孩子的反感。

身为父母，请换一种方式，了解孩子的内心，让孩子远离唠叨的伤害！

五、动不动就埋怨：为什么你没有别人优秀

在教育孩子的过程中，父母最容易做的事情就是拿自己的孩子和其他孩子做比较。如果我们仔细观察，就会发现这样的问题：如果自己的

孩子更优秀，父母就会非常得意，认为孩子是自己的骄傲；可如果自己的孩子不如其他孩子优秀，父母就会严厉地要求孩子向别人看齐，动不动就埋怨孩子：

"你看看你的成绩，为什么和某某差了一大截！人家也是每天上学，你也是每天上学，差距为什么这么大呢？"

"某某比你优秀多了，你为什么就不知道努力呢？"

"人家成绩门门优异，钢琴、画画样样精通，你怎么就这么没出息呢！"

……

可这样的埋怨能够让自己的孩子更优秀，能让孩子超越别人吗？

不，正相反，父母的这些埋怨和比较只会让孩子感到气馁，对自己失去信心。

对于孩子来说，没有谁愿意被别人说自己差，他们都希望得到别人的认可和赞扬，尤其是来自父母的正面积极的评价。当他们时常获得父母的肯定和夸奖时，内心就会越来越自信，即便他没有太大的能力，也能发挥自己的潜力，努力做成某件事情。可如果他们在父母那里获得的是否定，时常被指责不如别人优秀，每个方面都比别人差，那么他就会真的认为自己是"没用的""我不管做什么，都比不上别人""我在父母眼中是最差的"。孩子一旦进行了自我否定，那么自卑感就会越来越严重，甚至会伴随他的一生。

一个内向的孩子从小就生活在爷爷奶奶身边，由于爷爷奶奶只是从物质上满足孩子，不懂得关怀和激励孩子，因此孩子变得越来越沉默寡言。后来，孩子回到了父母身边生活，环境的改变让孩子更加不适应：成绩不理想，处理不好人际关系，更不懂得讨爸爸妈妈的欢心。最让孩子难过的是，爸爸妈妈总是拿他和隔壁家的孩子做比较，好像用那个孩子来证明自己有多"笨"、有多"没用"！

有一次，学校举行运动会，父母也被邀请一起参加。运动会上这个孩子和隔壁家的孩子都参加了长跑比赛，隔壁家孩子获得了第一名，而他则落在了最后，还因为体力不支摔倒在终点线前。回到家之后，爸爸不仅没有安慰孩子，反而大声埋怨起来："你究竟是怎么搞的？以前不是很能跑能跳吗，为什么会是最后一名？竟然还在大庭广众之下摔倒，真是太丢人了！""你看看人家××，不仅成绩好，各项运动也非常优秀。你怎么就不能学学人家……"

在父母的埋怨和责骂中，孩子只能低着头，站在角落里。两天后，孩子因为内心压抑而选择了自杀，并给父母留下了一封信。这封信里只有一句话："我太没用了，我觉得自己是多余的！"

悲剧发生后，孩子的父母悲痛不已，但他们的话值得所有父母警醒："我们是爱孩子的！只是平时多了些埋怨。可我们拿他和隔壁家孩子做比较，也是为了让他进步啊！难道我们真的错了吗？"

是的，这对父母真的做错了。在孩子看来，父母的比较是对自己的否定，是不爱自己的表现。虽然父母的本意是为了让孩子向其他人学习，从而激励孩子不断进步，但是孩子的心灵是脆弱的，怎么能承受一而再，再而三的否定呢？而且这种否定还是来自最亲近的父母。通常情况下，比来比去，孩子的自信心和自尊心也就被比没了，就会让孩子陷入深深的自卑之中，甚至产生"破罐子破摔"的心理。试问，如果一个孩子总是被父母说这也不如人、那也比人差，那他怎么会有自信心，怎么会有努力进步的动力？

正如一位教育家所说的，在家庭教育中，拿自己的孩子和其他孩子做比较，不但会让孩子反感，而且会导致他丧失自信心。因为每个孩子都有自己的个性，每一个孩子都应该在自身的基础上发展，而不是成为其他孩子的复制品。

所以，想要让孩子进步，变得更优秀，就不要拿他和其他孩子做比较，更不要动不动埋怨孩子比别人差。要知道，这是对孩子自尊心最大的伤害，对激励孩子进步没有任何效果。多给孩子一些正面的指导和评价，才有利于孩子的健康成长。

六、少些命令，多些商量和建议

当你想要孩子做某件事情的时候，你是直接命令他该怎样做，还是与他商量怎样做呢？当你觉得孩子做的事情可能不会成功或是不合规矩的时候，你是严厉地命令他"停下来"，还是建议他换一种方法呢？

我发现，我们身边的很多父母往往会倾向于前者。很多家长喜欢用命令的口吻和孩子说话，只要和孩子说话就是非常严肃的语气："你不许……""你必须……"也有的父母见不得孩子不听自己的话，总是用命令的口吻来压制孩子："我是你爸爸，你必须听我的话！""这个家我做主，我说了算！"

也许在这些父母的眼里，孩子始终是个孩子，他没有能力为自己的事情做主；也许在这些父母的眼里，自己是孩子的家长，孩子就应该听自己的话；或许还有些父母认为，自己身为父母就应该树立一定的威严，在孩子面前说一不二。所以，他们习惯用命令的语气，习惯摆出严肃的姿态，以便让自己说出的话更有力量和权威。

可是，父母应该思考一下，这样简单粗暴的命令方式，会对孩子造成什么样的影响呢？

习惯命令孩子做这做那，不许做这个不许做那个，孩子会从内心对父母产生恐惧，凡事都言听计从。而习惯了命令孩子的父母，往往很少给孩子说话的机会，即便孩子说出了自己的想法，父母也会进行驳斥。时间长了，孩子就会形成胆小怯懦的性格，等到孩子成年时，就会没有丝毫的自信和主见，随波逐流。因为孩子已经习惯了一个命令一个行动，如果没有了别人的命令，他就会失去方向，无所适从。

父母不能否认，命令式的教育方式，对孩子的成长起不到很好的作用。

多数情况下，孩子会选择听从父母的命令，但是他是心甘情愿地服从命令吗？答案是否定的。

孩子的听从，可能是迫于父母的压力，也可能是为了逃避父母的怒火，还有可能只是一种习惯。但是，孩子的内心却有另外的想法。也就是说，孩子并不是愿意去做这些事，等他们长大了，反抗意识增强了，就会产生逆反心理，就会把这些命令当成耳旁风。

我曾经听到几个孩子在一起抱怨自己的父母，一个孩子说："我不习惯爸爸的说话方式，因为他老是用命令的语气让我做这做那。'赶紧去做作业！现在马上就去！快！''不许饭前吃零食！'每天都是这样，一点儿都不尊重我！"

其他孩子立即附和说："就是！大人就是喜欢命令我们！""他们觉得什么都应该听他们的，真是太可笑了。难道我们就没有想法吗？""是啊！妈妈越是命令我，我就越反感，不愿意听她说话！"

看到了吧！孩子对父母的命令是非常反感的，你越是用命令的语气跟他说话，他就会越反感、越叛逆，从而越发不听你的话。即使表面听话，心里也不服气。我们大人也喜欢别人用温和、平等的口吻和自己说话，即便对方是领导，也不希望对方采取一种强制、命令的语气，更何况是孩子呢！

的确，命令式的口吻非常容易让孩子产生抵触情绪甚至是逆反心理。当父母命令孩子不许看电视、好好学习的时候，他反而会偷偷地看手机、玩游戏，就是不学习；当父母命令孩子放学后必须马上回家的时候，他反而会故意磨磨蹭蹭，拖延回家的步伐。

即便孩子乖乖地听父母的话，但是他内心也已经产生了排斥心理，所谓的乖巧更多地是出于害怕惩罚，并不是真的"心悦诚服"。而这才是最糟糕的事情，因为一旦父母转过身去，孩子就会像脱缰的野马，做出以往不敢做的事情，甚至是更叛逆的事情，而这样的行为在青春期的孩子身上最为明显。

所以，身为父母，不妨把命令改为商量和建议，多给孩子一些思考的空间和说话的机会。即便你内心非常强烈地反对孩子做某件事情，也不要简单粗暴地命令，而是应该对孩子说："你觉得这样会不会好些？""或许你可以……"

沟通在家庭中永远都是最重要的。在对子女的教育中，父母还必须注意一个问题，那就是永远不要一厢情愿地把自己的想法强加在孩子身上。孩子也是有思想的，他们需要把自己的想法表达出来，他们需要和父母平等地交流。所以，当孩子对父母提出要求，父母无法满足时，千万不要粗鲁而简单地拒绝："不行！"或者孩子"不听话"的时候，父母也不应该直接命令说："这事我说了算！你必须听我的！"

要知道，任何一句命令，都只是父母在将自己的想法强加给孩子。在教育孩子的过程中，少些命令，多些商量和建议，并尝试着听听孩子的想法，效果将大有不同！

七、不问青红皂白，孩子犯错就责骂

在很多家庭中，孩子犯了错被责骂是一件寻常的事情，因为父母认为，不挨骂，孩子怎么能认识并改正错误呢？不挨骂，孩子怎么会长记性呢？这完全是为了孩子好。然而，这只是父母的一厢情愿罢了。父母也许不知道，他们不问青红皂白的责骂，只会让孩子反感，会彻底击垮孩子的自信，激起孩子的叛逆心理。

有的父母或许会问，难道孩子做错了事情，就不应该批评，就不应该惩罚？答案当然是否定的。不管孩子多大，也不管孩子犯了什么错，父母都必须要让孩子知道他那样做是错误的，然后帮助孩子改正错误。但是，方式方法有很多，不问青红皂白地责骂，是最糟糕的一种，也是最错误的一种。

我们不能否认，孩子在成长过程中，难免会犯这样那样的错误，有的错误是有意的，有的错误是无心的；有时候他们会因为经验不足而犯错，有时候他们会因为无心之失而犯错，有时候他们还可能因为调皮捣蛋而犯错。可不管是哪一种情况，父母都应该心平气和地对待孩子的过失，克制自己的情绪，切不可看到孩子犯错就不分青红皂白地责骂，否则只能是适得其反。

婷婷和丽丽是很要好的朋友，一天婷婷邀请丽丽和丽丽妈妈到家里做客。两个妈妈在客厅说话，孩子就在卧室中玩芭比娃娃。没过一会儿，就看到婷婷和丽丽都哭着跑了出来，婷婷不停地向丽丽发脾气。两个妈妈问孩子发生了什么，可孩子就是不回答。

婷婷妈妈看到这情形，感到非常不好意思，便对丽丽说："丽丽，不要哭，阿姨批评婷婷！"说完她就大声责骂婷婷说："你怎么这么顽皮，人家丽丽到我们家做客，你怎么可以欺负人家！"婷婷大声反驳说："我没有，是她弄坏了我的芭比！"妈妈不仅没有安慰婷婷，反而更加生气了："你怎么这么不懂礼貌？丽丽是你的小伙伴，又不是故意弄坏你的芭比的！你怎么可以和人家发脾气！快！向丽丽道歉！"婷婷委屈地喊道："我又没错！是她不对，为什么让我道歉！"

婷婷妈妈见婷婷如此不听话，便说道："你太不听话了！"说完，就在婷婷的屁股上打了几下。这下，婷婷哭得更凶了。而站在一旁的丽丽傻眼了，丽丽妈妈也更尴尬了⋯⋯

显然，婷婷妈妈的教育方式是错误的。虽然婷婷向朋友发脾气是错误的，但是婷婷妈妈不问青红皂白就责骂自己的孩子，完全不顾孩子因为玩具被弄坏的失落和伤心，这无疑给孩子内心造成了严重的伤害。如果妈妈能够心平气和地教育孩子，让孩子宽容朋友的无心之错，那么婷婷或许不会有这么过激的反应，两个妈妈也不会如此尴尬了！

很多时候，父母责骂孩子，与其说是惩罚孩子，纠正孩子的错误行为，还不如说是父母在发泄自己的情绪。这样的方式，不仅无法让孩子意识到自己的错误，反而让孩子对父母的怒火感到莫名其妙。如果父母不给孩子解释的机会，孩子就很容易因为害怕犯错而什么都不敢做，什么事情都等着父母帮他决定，什么事情都等着父母的命令。如此一来，孩子就会失去自信和尝试的勇气，甚至不知道自己真正想要做的事情是什么。

最糟糕的是，这样的方式还可能引起孩子的反感甚至是逆反心理。孩子对父母的批评和责骂置之不理，虽然口头上不反抗，但是内心却非常不服气。你越是骂我，我就越犯错；你越是不允许我做某件事情，我越要做！一旦孩子滋生了这样的心理，父母的教育就没有任何效果了。

一位中学生就曾经抱怨说："真不知道我爸爸是怎么想的，稍有不顺心就发火。平时我有无心之错，他都会大声地责骂，根本不给我解释的机会。我实在是反感爸爸的做法。"

所以，聪明的父母应该知道，与其看到孩子犯错就呵斥打骂，不如多下些功夫，多了解孩子，多和孩子沟通，弄清楚他究竟为什么犯错，然后对症下药，帮助孩子改正错误。

当然，如果孩子所犯的错误比较严重，涉及道德品质等问题，那么父母就应该严格管教了。

八、我是小孩子，就不要面子了吗

走在街头，我们时常会看到这样的情形：孩子犯了错，大人不分场合地教育孩子。明明孩子已经在一旁伤心地哭泣了，可大人却还是满脸怒气地训斥着孩子，甚至因为太过愤怒而打孩子。

这些习惯当众教育孩子的父母，通常认为自己的做法是正确的。在他们的观念中，自己这样做完全是为了孩子好，希望孩子好好表现，不再犯同样的错误，如此才能在进入社会后成为有用之才。可是，这些父母有没有想过，在众人面前被训斥，甚至被父母批评得一无是处的孩子，内心的感受是怎样的呢？

其实，不管是多大的孩子，都不喜欢别人当面议论和批评自己。年纪尚小的时候，他们会选择用哭闹和顶嘴来表现自己的不满；而长大后，孩子就觉得自尊心受到了严重的伤害，通常会表现出强烈的逆反情绪。对于孩子来说，随着年龄的增长，他们有了自己的主见和思想，更重要的是有了强烈的自尊心，父母如果在其他人面前批评或是训斥他，他们就会觉得在别人面前抬不起头来，就会觉得父母的这种否定、指责和打击严重地伤害了自己，是对自己极大的不尊重。

可惜的是，在生活中，很多父母都会因为一时冲动而不分时间场合地批评、训斥孩子。甚至，很多习惯当众批评孩子的父母，名义上是为了孩子好，让孩子改正错误和缺点，但实际上，这种父母最在意的还是自己的面子。他们当众教育孩子，只是为了让别人看到"我在教育孩子，我的孩子有教养、有家教！"

如果你有这样的心态，那么就必须积极改变了。因为当众批评、训斥孩子，不仅会伤害孩子的自尊，影响孩子的心理健康，更是缺乏自我修养的表现，根本不会为自己长面子。

在父母又一次在别人面前批评自己之后，洛洛气急败坏地大声吼道："妈妈，您能不能别再说我了！是，我做什么都是错的，我就是一个坏孩子。这下您满意了吧！"

妈妈一下子呆住了。洛洛虽然有些顽皮，时常犯些小错误，但是还从来没有发过这么大的脾气，为什么今天会如此呢？

洛洛妈妈不知道的是，就是因为她时常不分场合地批评、指责孩子，伤害了孩子的自尊心，才激起了孩子的叛逆情绪。很多次，只要洛洛做错了什么事情，或是有什么不顺妈妈心意的地方，妈妈就会批评和数落孩子，不管旁边是否有人，也不管是否在公众场合。绝大多数时间，洛洛都低着头不说话，只是偶尔为自己辩解几句。其实，洛洛低头不说话并不完全是承认错误，而是觉得没有面子。

这一次，洛洛和妈妈一起参加朋友聚会，妈妈的朋友都夸奖他乖巧懂事，妈妈心里也是乐开了花。可席间，洛洛在喝水的时候，不小心碰倒了旁边阿姨的水杯，洒出的水把阿姨的裙子沾湿了一大片。洛洛见此情况，立即慌张地说"对不起"。妈妈也赶紧拿纸巾给朋友擦干，一边擦还一边说："对不起，这孩子太笨了，喝个水都能闯祸！"

这位阿姨连忙说："没事没事，小孩子嘛，不小心而已！"

谁知妈妈又说："这孩子就是爱闯祸。你们看他现在挺乖巧，平时没少闯祸和犯错！"说完又对着洛洛说："你这孩子就不能好好表现吗？你看你做的好事，还不快向阿姨道歉……"

可妈妈还没说完，洛洛的情绪就发作了，这才出现了前面和妈妈大声顶嘴的情况。

我非常理解洛洛的情绪发作。任何人在当众受到批评和指责之后，都不会心平气和，因为他们的自尊心受到了极大的伤害。更别说是一个年幼的孩子，而且这指责和打击还是来自自己的妈妈。其实，洛洛最想说的话应该是：妈妈，请不要在别人面前批评指责我！我的内心真的很受伤！虽然我是小孩子，但是我也有自尊心，我也要面子！

那些习惯在别人面前批评指责自己孩子的父母，不妨这么想一想：如果领导当着全体员工的面批评你，你会有何感想？如果你的爱人在大庭广众之下对你百般挑剔，指责你这儿做得不好，那儿做得不对，你是不是觉得脸上火辣辣的？

设身处地地想一想，你就能够明白，当众批评和训斥自己的孩子，对孩子的伤害有多大！

正如英国作家洛克所说的："对儿童进行批评时，要在私下里执行；对儿童的赞扬，则应当着众人的面进行。儿童受到赞扬后，经过大家的一番传播，意义会很大，他会以之为骄傲和目标，并在以后的岁月里更加努力地去获得更大的赞扬；而当众宣布他的过失，会使他无地自容，会使他失望，因而父母制裁他的工具也就没有了。"

所以说，父母不要以为孩子就不要面子，就没有自尊心，从而当着外人的面伤自己孩子的心。即便孩子真的犯了错，父母也应该讲究方式方法，切不可因为一时冲动而害了自己，伤了孩子。

九、一味地吓唬、威胁孩子，真的有用吗

在生活中，我总是能见到这样的场景：

"不要再哭了，再哭大灰狼就把你叼走了。"

"不要到处乱跑，再跑你就被坏人抓走了。"

"你不听话，妈妈就不要你了。"

……

说者无意，听者有心。父母用威胁的语言与孩子讲话，会给孩子带来"不安全"的信号。在幼儿时期，孩子不会理解太复杂的情绪，只能根据大人的面部表情、语言、动作来判断，他们会把父母的话当真。如

果父母说离开，他们就会当真。很多家长在孩子不听话的时候都会用语言威胁，殊不知这种方式会对孩子的心灵造成伤害，大大破坏了孩子的安全感。而且，孩子一旦识破了父母的招数，认为反正是假的，以后便会更任性胡闹，越发不听话。

孩子缺乏安全感，如果家长没有认真对待，那么在孩子逐渐长大的过程中，可能会发展为多方面的身心症状，如头疼、发热、频繁咳嗽，甚至会演变成神经系统的疾病，如抑郁症、人群恐慌症、厌食症、强迫症，等等。

那么，孩子为什么会缺乏安全感呢？我认为，根本原因就是在孩子年纪尚小时，父母没有给他们创造安全的氛围。

都说父母是孩子的第一任老师，父母的言行举止时刻都在影响着孩子。语言作为沟通的重要工具，应当引起我们足够的重视，要给孩子一个安全的语言环境。

什么是安全的语言环境呢？就是抛弃那些威胁、恐吓、粗暴的语言，改为亲和、关切、温柔的语言。安全的语言环境对孩子的成长具有至关重要的作用，它能给孩子带来安全感，让孩子安心地成长。

有一次我去超市，看见一个几岁的小男孩正跟爸爸撒娇要东西，爸爸不给他买，他就一屁股坐在地上哭起来。围观的人渐渐多起来了，爸爸觉得很没面子，佯装抬手打孩子，说："再不听话我打你了！"孩子非但没有停止哭泣，反而闹得更凶了。

气愤至极的父母经常在动手前警告：你如果不听话，我就打你了。

这样的话不乏空洞，起不到什么实际效果。恐吓不利于塑造孩子的良好品质，却能造成孩子懦弱胆小的性格，不要忘记，打骂是失败的教育手段。

缺乏安全感的孩子，在成长过程中极易养成极端的性格。

薇薇是一个 10 岁的孩子，平时性格非常内向、懦弱，因为父母对她的态度非常严厉，甚至是恶劣的。只要薇薇做错了什么事情，父母不是大声地恐吓，就是一阵打骂。

尤其是在学习上，一旦薇薇完不成作业，或是考试成绩不理想，父母便愤怒地训斥："你再不好好学习，看我不找你算账！""你要是不考个好成绩，就不要回家了！"

在父母长期的恐吓和威胁下，薇薇在家里总是小心翼翼的，生怕惹父母不高兴。而在学校也是如此，她不敢回答老师的问题，也不敢主动和其他同学交流。

一次学校进行了摸底考试，虽然薇薇之前努力复习了，可只考了 90 分，比班级的平均分还要低 3 分。放学后，薇薇拿着卷子，想起了昨天爸爸说的话："你这次要是考不好，看我不好好收拾你！"她实在不敢回家了，只能一个人在路上毫无目的地游荡着。

最后，晚上 10 点多了，薇薇的爸爸妈妈和学校老师才在一个公园的长椅上找到了薇薇，她蜷缩在长椅上，不停地流着泪。可事后，爸爸却还责怪薇薇不懂事，说什么"你再这样到处乱跑看我不打断你的腿"。

爱和安全感是人格健康的基础。好的教育方式能帮助孩子成长，坏的教育方式则羁绊了孩子的幸福。孩子是很敏感的，父母的一些问题会深刻地引起孩子的心理变化，特别跟孩子是否有安全感相关联。好的父母遇事时懂得先稳定自己的情绪，在跟孩子沟通时不用威胁与回拒的方式，给他们安全的成长空间。

一次，我的一位朋友带着女儿到公园玩耍，遇到了邻居家的小孩，很快两个小朋友便开心地玩了起来。

可没过一会儿，邻居家小孩便哭着来找妈妈，说朋友女儿欺负她，不给她玩小球。朋友尴尬地叫来女儿，说："宝宝，你要学会分享，把小球借给小朋友玩一会儿，好吗？"

谁知女儿噘着嘴说："不要！这是我的球！"

一听女儿这么说，朋友有些生气了，严厉地说："你不听话，妈妈要生气了！再说，你不愿意分享，谁还愿意和你玩啊！"

可女儿还是直接拒绝了，说什么也不愿意把球借给小朋友。朋友把女儿叫到了一旁，吓唬她说："你这孩子真自私！如果你再这样的话，我就不给你买玩具了，妈妈也不喜欢你了！"

一听妈妈的话，朋友女儿"哇"地哭了起来。

我们让孩子从小学会分享，学会体谅别人的情感，这是需要一定基础的，像我朋友那样带有威胁的话语并不可取。有时，孩子不愿意把东西给别人，这是很正常的现象，我们不应该强迫他。首先我们要懂得尊重孩子，再施加一些小技巧让他转移注意力，让孩子觉得父母是信任自己、爱自己的，他们不会强迫自己做自己不喜欢做的事情。等到孩子明白了这个道理，建立起安全感以后，我们就会惊喜地发现，孩子其实是很愿意配合我们的。

需要提醒大家的是，亲子关系是父母与孩子互相学习的关系，如何更好地沟通，如何用爱心缔造美满的生活，都是值得我们思考的。当我们的孩子长大以后，回望年少的路，感觉到温暖和幸福，我们的教育才称得上成功。

第 三 章

生活里谁也不能随时处于起跑状态

孩子不愿意听父母说话，最大的原因就在于家庭教育的目标有问题。从某种意义上来说，每个孩子都有无限的前途，但大多数父母都希望孩子成为企业家、明星等，恨不得孩子一夜成名。但生活里谁也不能随时处于起跑状态，请耐心点，慢慢来，给孩子一点缓冲的时间，让孩子按照自然规律长大。

一、耐心是父母对孩子最好的爱

虽然说，在教育孩子这方面，没有哪一个家长不上心，也没有一对父母希望自己的孩子落在别人后面，但是，在希望孩子成龙成凤心态的影响下，父母不由自主地有了些"急脾气"。看到邻居家孩子两岁就会背诵唐诗宋词而自己家孩子不会，就开始着急，抱回一大堆诗歌、识字的书籍来教孩子；孩子才上幼儿园就给孩子报各种培训班，生怕孩子学不到东西，临上小学前还迫不及待地叫孩子上什么"幼小衔接班"；而孩子上了小学，成绩稍有不佳，父母的神经马上就绷紧了，着急地想各种办法，不是严厉地督促孩子学习，就是找家教、报培训班……

难道真的是我们的孩子太笨了吗？难道我们的孩子真的远远落在其他人之后了吗？

事实上，是父母太过于着急了。作为父母，当我们给孩子安排各种计划，要求孩子实现各种目标的时候，有没有考虑到，自己在教育孩子的时候是不是缺少了些耐心呢？

我就曾见过这样的场景：一位妈妈在教孩子学骑自行车，可能因为孩子平衡感不好，所以总是摇摇晃晃的，于是这个妈妈就气急败坏地说："你怎么回事啊？和你说了掌握平衡，眼睛向前看，双手握好车把。这都练习半天了，还练不会，你怎么这么笨！"

要知道，每个孩子都是独特的个体，其个性、气质、智力结构、心理特点存在着很大的差异，正因为如此，每个孩子在同一发展阶段所体现的能力也有所不同。同时，孩子成长的快和慢也都有其内在的规律，而这是因人而异、因时而异的。就好像有些孩子说话比较早、走路比较早，有些孩子则说话比较晚、走路比较晚一样。有的孩子小学开始就门门成绩优异，成为同学和老师眼中的学霸；而有的同学则到了中学才"开窍"，一跃成为班级里的佼佼者。

我们要对孩子进行慢养，在教育孩子的过程中不要太担忧、太着急，不要以当下的表现评判孩子，要让孩子发现最好的自己。因为，教育是一个漫长的过程，在这个过程中，父母们要做的并不是让孩子快速成才，掌握某种技能就可以了，而是应该让孩子健康地成长，将来成就自己最好的人生。

我们千万不要急于求成，忽略孩子自身的身心发展规律，犯下"拔苗助长"的错误，也不能看到孩子的不足，就给他们贴上"不行"的标签。如此一来，只能让孩子过早凋零。

台湾作家龙应台在《孩子，你慢慢来》一书中说过这样一句话："我，坐在斜阳浅照的石阶上，望着这个眼睛漂亮的小孩专心地做一件事；是的，我愿意等上一辈子的时间，让他从从容容地把这个蝴蝶结扎好，用他5岁的手指。孩子，你慢慢来，慢慢来。"

孩子就如同刚出土的嫩芽，不管在心理上还是生理上都是脆弱的，是最不稳定的。他们需要学习许多许多的东西，但是他们又承受不了太多太多的东西。一旦父母采用不当的方式，就会给孩子带来极大的伤害。

父母是爱自己的孩子的，而耐心是作为父母给予自己孩子的最好的爱。在孩子成长的过程中，父母不仅要耐心地保护孩子，给予他们最多的爱，更应该顺应他们的天性，静静地等待他们展示自我价值，做自己能够做的事情。这样的爱，才是充分促进孩子成长的动力，才是激发孩子潜能的关键。然而，如果父母缺少足够的耐心，过于看重结果，急功近利，那么只能让孩子走入歧途，致使孩子心灵受到伤害。

作为父母，如果想要孩子更好地成长，那么就多一些耐心吧！耐心地等待他成长，耐心地等待他成为最好的自己！

二、慢慢来，比较快

我们常说，想要成功就必须给自己制定一个目标，有了目标就有了方向和前进的动力。于是，很多父母就把这句话奉为至理名言，在孩子还小的时候就为他制定了各种目标，从考上什么大学、从事什么职业，到小学前学会哪些特长才艺、中学必须考入哪所重点学校……

在这些父母看来，只有早早地为孩子规划好，让他们比别人前行一步，孩子才不会输在起跑线上，才能更早地成才。可是，这些父母并没有考虑过，自己是不是操之过急了？孩子是否适应得了这样快节奏的发展？一旦给孩子制定的目标没有实现，孩子是不是会认为自己能力不行，从而产生自卑、绝望的心理？

事实上，父母希望孩子成龙成凤的心理是可以理解的，但是任何急功近利的想法和做法都可能害了孩子，给孩子的健康成长带来负面影响。父母过早地给孩子制定过于长远的目标，急切地想要孩子达到某个高度，却忽视了孩子的能力、天赋，更没有考虑到孩子是否能够承受这么重的压力。结果孩子不仅无法实现所谓的目标，反而失去了继续努力的欲望。

一位父亲说："让孩子一开始就驶入快车道，是非常不负责任的！"在生活中，他也是尊重自己的孩子飞飞的天性，从不强迫自己的孩子接受超前的教育。

在飞飞同一个幼儿园里，其他小朋友都参加了各种培训班，如钢琴班、美术班、舞蹈班。家长们为了不让孩子输在起跑线上都着急地让孩子考级，一个名叫俊俊的男孩还不到 6 岁，就已经考过了钢琴 3 级。

虽然这孩子钢琴水平比其他孩子高出很多，但可以看出来他平时并不快乐，精神状态也并不是太好。可以说，俊俊缺少孩子的天真和无忧无虑，这是因为在父母的期待和强迫下，他每天都要苦练弹琴，一练就是好几个小时。

而飞飞的父亲就不一样了，虽然他也给孩子报了钢琴兴趣班，可这完全是因为孩子喜欢，而不是为了让孩子考级和参加各种比赛。每次和其他家长交谈的时候，别人都不理解他的做法，说："你为什么不让孩子考级呢？这样一来，孩子岂不是白学了？"

此时，飞飞爸爸总是笑着说："孩子学习的目的不是考级，再说了逼孩子考级，只能让孩子对学习失去兴趣。我们应该尊重孩子，让孩子慢慢地进步和成长。"

其他家长则不解地问："慢慢来，孩子怎么能有出息？别人家孩子都进步了，你却原地踏步，这怎么会对孩子好？再说了，小孩子哪有什么自制力，不逼他们一下，他们怎么会努力、勤奋？"

可其他人的思想并没有影响飞飞爸爸，他知道孩子的人生不是一次短跑，而是一次马拉松。教育孩子需要慢慢来，而不是为了"让孩子不输在起跑线上"就急功近利。这样一来，只能让孩子跑错了方向，并且产生逆反心理。

所以，这位父亲从来不逼迫飞飞，而是让他按照自己的兴趣来做自己喜欢的事情。多年后，飞飞也练就了不凡的琴艺。再回过头来看看俊俊，他早已经放弃了弹琴，因为父母越是逼迫，他就越逃避，对练琴越没有兴趣。

法国诗人海涅说过这样一句话："即使种下的是龙种，收获的也可能是跳蚤。"这句话非常有道理，尤其值得那些急于求成的父母深思。父母应该知道，任何事情都不能急功近利、操之过急，培养和教育孩子更是如此。如果父母过于想要孩子早日成才，在孩子还小的时候就给他们制定高不可攀的目标，并且时刻督促和逼迫孩子，那到头来孩子很可能变成"虫"。

我们相信，这样的情形绝不是深爱孩子的父母所愿意看到的。所以，聪明的父母应该放慢自己的脚步，慢慢来，让孩子一步一个脚印地走，脚踏实地地一点点进步。这样，孩子才能更快地成长，或许还会超出父母的预期。

三、给孩子一点缓冲的时间

我们的人生就好像是一次长跑，有时候状态好了，就可能跑得快一些，获得暂时领先的优势；有时候状态不好了，就可能跑得慢一些，落后于他人。但是，所有人都应该明白，暂时的领先并不意味着最先到达终点，而暂时的落后也并不代表永远失去了获得第一的机会。只要我们给自己一点缓冲的时间，好好地调整自己的状态，努力地向着目标奔跑，就有获得最终胜利的可能。

当然，教育孩子也是如此。孩子的成长过程是漫长的，谁也不能保证自己的孩子始终处于领先的位置。现在的父母都明白这个道理，但是，到教育自己孩子的时候却做出了错误的决定。这些父母陷入了功利的误区，期望孩子能够以最快的速度成功，孩子成绩刚一下降，父母就开始批评、责骂，要求孩子立即把成绩提升上去；孩子失败了，父母不是想着如何安慰孩子、开导孩子，而是埋怨孩子为什么这么不中用，甚至对孩子说："如果你下次再犯错误、再失败，就……"

可是，这样做孩子就能变得越来越优秀吗？

事实上，抱有这种心态的父母教育出来的孩子都是不尽如人意的。要知道，有些事情是急不来的，尤其是在教育孩子方面。每个孩子都有各自的特点，不同时期的思维发展、能力拓展都有所不同。父母不要看自己的孩子能力不如别人，没有别人聪明，就怀疑孩子的智力是不是有问题，而是应该多一些耐心，给孩子一些缓冲的时间，发掘孩子的潜力，让他们来证明自己的价值。

爱迪生小时候似乎并不聪明，上学才3个月就被老师责令退学。但是他的父母并没有对孩子失去信心和耐心，而是给予了他足够的支持和鼓励，让孩子有时间来发展和证明自己，否则，爱迪生或许就不能成为"发明大王"。美国前总统威尔逊小时候似乎也不太聪明，9岁才学会26个字母，12岁才识字，但是父母却给了他正确的教育，相信自己的孩子能行，所以才成就了威尔逊如此伟大的成就。

现实生活中，很多父母时常抱怨孩子不优秀，可实际上，是他们太过于着急了，根本没有给孩子一点缓冲的时间。

父母应该知道，每个孩子在不同时期的发展状态可能有所不同，状态好了，表现就可能好一些；而状态不好了，表现就可能差一些。父母不要看到孩子表现差了，落后于别人家孩子了，就埋怨孩子不努力，并且急于逼迫孩子做出改变。父母应该帮助孩子调整好自己，孩子一时做不到的事情，就给他们一点时间慢慢去做；孩子第一次做不到的事情，就给他们第二次、第三次机会。只要父母有足够的耐心，等待着孩子慢慢地成长，最后他们必定会做得更好。

朋友是一位小学教师，他曾经遇到过这样一个孩子：他总是管不住自己，上课时小动作不断，不是东张西望就是抠抠这摸摸那，下课后也非常爱和同学们打闹，时常被人告状。他的顽皮捣蛋是全校皆知的，就连父母也束手无策，人们怀疑这个孩子是不是得了多动症。

可是，朋友并不这样看，他认为这个孩子只是活泼了些，还没有定下心来，只要给他一些时间，必定会有所改善。于是，朋友和家长进行了协商，给孩子制订了一套计划：在最初的一个月，如果他一天内只犯两次错，上课好好听讲，老师和父母就不批评他，还会给他相应的奖励；第二个月和第三个月，如果他一周内犯错次数少于 5 次，成绩有所提升，那么他的奖励就会有所提高；接下来的第四个月，如果一个月内只犯错 5 次……一年后，所有同学和老师都感叹这个孩子的变化，他不再是那个坐不住的顽皮学生，而是变成了积极向上、成绩优异的好学生。

所以说，父母永远不要因为孩子一时的表现而否定孩子，更不要急切地逼迫孩子成功。父母应该正确地看待孩子成长道路上的得与失、成与败，允许孩子暂时失败和落后，正视孩子之间的差别。更何况，这些情况都是暂时的，代表不了孩子的将来。只要父母给孩子一点缓冲的时间，以信任的眼光欣赏孩子，以平和的心态对待孩子，相信孩子会在享受努力的过程中做得更好。

正如意大利幼儿教育家马拉古齐教导的那样："在教育孩子的时候，我们应该给孩子足够的时间，我们应该放慢脚步，我们应该学会等待!"

四、每个孩子都是宝藏，需要父母慢慢地发掘

留意一下身边，我们会发现有些孩子非常自信，而有的孩子则表现得自卑腼腆；有的孩子几岁就表现出聪明的头脑，学习东西非常快，而有的孩子看起来则比较"愚笨"，简单的东西教几遍也记不住。

父母可能会想，那些自信聪明的孩子天生就是如此吗？那么自卑"愚笨"的孩子是不是就没有了表现的机会？

其实，每个孩子都是等待开采的宝藏，有我们看不到的潜力。有时候你看不到或是没有发现，并不代表孩子就没有。只要父母有足够的耐心，慢慢地启发，正确地引导，孩子美好的一面一定会被挖掘出来，孩子的潜力一定会被激发出来。

事实上，那些优秀的孩子大多都是在父母的慢慢培养下成长起来的。在父母的不断鼓励下，孩子变得越来越相信自己；在父母的欣赏下，孩子表现得越来越好；在父母的耐心等待下，孩子的潜能也被充分地挖掘出来。对于孩子来说，这就是教育的重要作用。

童话大王郑渊洁小时候就是老师和同学们眼中的"学渣"，他总是

在课堂上调皮捣乱，有时候上课不认真听讲，课后也不按时完成作业。因此，老师时常训斥他："这个班里最没有出息的就是你！"

面对老师的训斥，郑渊洁显然非常不服气，他心中愤愤不平地想："虽然我平时表现不太好，但是我作文好，我有想象力，怎么就会没有出息呢?!"之后，他开始发掘自己的潜力，终于成为当代颇有影响力的童话作家。

之后，当有人问他成功的秘诀是什么时，他说了这样一句话："我找到了最佳才能区。每个人都有自己的最佳才能区，这是上帝赋予每个人的特殊能力，是任何人都代替不了的。"

没错，每个人都是独一无二的，都有无限的潜力可以被发掘。试想一下，父母如果能够看到自己孩子的与众不同之处，并且慢慢地发掘孩子的优势和长处，帮助和引导孩子将这些优点放大，那么孩子怎么能不变得越来越优秀呢?

我们需要做的事情其实一点都不难，就是仔细观察自己的孩子，了解孩子的实际情况，弄清楚他喜欢什么、擅长什么，找到属于他自己的特殊才能。在日常生活中，父母可以注意观察孩子的行为举止、兴趣爱好。在学习过程中，或是与别人交谈、玩耍的时候，他是喜欢弹琴还是绘画，是更喜欢运动还是喜欢安静，是表现出创意还是比较善于言辞。而对于孩子的弱点和缺点，父母则应该帮助孩子克服，用优势来弥补。

正如人们所说的，"没有教不好的孩子，只有不会教的父母"。作为父母，我们不要总是拿自己的孩子和别人家的孩子做比较，也不要把自己的期望值设定得太高。要知道，如果父母操之过急、期望过高，当孩子达不到自己的要求时，父母就会在负面情绪的影响下做出不当的行为，不是对孩子打骂、发脾气，就是没完没了地唠叨。只要父母的不良情绪波及孩子，就会对孩子的心理产生巨大的影响，让孩子感到自卑、烦躁，甚至产生叛逆心理，最后只会让孩子变得越来越差，离父母的期望越来越远。

所以，在教育孩子的过程中，父母一定要多一些等待的耐心。当然，耐心地等待并不是说坐等奇迹发生，而是应该懂得发掘孩子的潜力，积极找到孩子身上的闪光点，找到孩子的最佳才能区。当我们慢慢地去培养它、发展它，并且做到扬长避短的时候，孩子的优势和特点自然就会凸显出来了。

例如，要发掘孩子艺术方面的潜力和天赋，在最开始的时候，父母可以让孩子接触尽可能多的领域，如美术、音乐、舞蹈等，有机会就让孩子试试。一旦孩子接触得多了，特长会逐渐表现出来，其潜力也就会慢慢表现出来了。

作为父母，我们应该要知道，每个孩子都是宝藏，只要我们耐心地发掘，就一定能够发现其美好的一面。所以，多给孩子一些耐心吧！

五、过高的期望，带给孩子的却是无望

每个父母都希望自己的孩子出色，能够获得最好的成绩，上最好的学校，将来成为别人学习和羡慕的楷模。父母的这种期望没有错，但

是，如果对孩子的期望超出了孩子的能力，那么带给孩子的只能是无望。

举个例子来说吧。如果一个孩子平时成绩只能达到 75 分，而父母却希望他能够获得 95 分。在经过几次努力后他还是达不到父母的要求，那么这个孩子就会怀疑和否定自己的能力。一旦孩子的同伴中有非常聪明的同学，时常可以获得 95 分以上的成绩，那么孩子就会认为自己天生愚笨，产生"破罐子破摔"的心理。可是如果父母根据孩子的实际情况适当地降低要求，先给孩子制定 80 分的目标，等到孩子进步后再逐步提高要求，那么孩子或许就可以逐渐如父母所希望的那样达到 95 分。

所以说，父母对孩子提出一些要求是必要的，但是如果期望过高，则会适得其反。如果孩子不管怎么努力也达不到父母的要求，不管怎么努力得到的都只是失败，那么渐渐地，孩子就会对自己失去信心，对自己的能力产生怀疑。有的性格极端的孩子可能干脆就放弃了努力，他们觉得反正自己达不到父母的要求，不如就"破罐子破摔"。

一个女孩凭借优异的成绩考入了北京大学，可是刚刚进入大学半年就出现了厌学的情况，每天逃课，不参加任何活动，期末考试甚至有好几门挂科。为什么会这样呢？

这个女孩坦诚地说："其实，我是一个非常自卑的人。尽管我从小学到初中再到高中，每次考试成绩都很优秀，但是我真的非常痛苦和自卑！想要逃离这一切！

"从小父母就对我寄予厚望，希望我能考上清华、北大这样的一流大学。所以上小学的时候，妈妈就给我报了好几个辅导班，买各种课后练习题。我成绩稍微有些下降，父母就会苦口婆心地说："孩子，你可要努力啊！你可是爸爸妈妈的希望啊！'

"到了高中，父母的要求更严了。他们要求我每次考试排名都不能低于前三名，因为这样才能保证考入重点大学。我承受着巨大的压力，没有时间玩游戏，没有休闲时间，甚至连睡觉的时间都少得可怜。但是我不想让父母失望，不想他们再对我说什么'你是我们全部的寄托'这样的话，所以我坚持了下来，考入了北京大学！

"我上大学后，父母感到非常骄傲，亲朋好友也时常夸奖我。但是我却感到非常压抑，尤其是到了大学后，看到来自全国各地优秀的同学，我感到非常不适应，可父母每次打电话都嘱咐我'好好学习，将来找个好工作''你现在是我们的骄傲，每个人都说你是人才，可不能让我们失望啊'，我想要逃离……"

我们知道，女孩是优秀的，但是由于父母的期望过高，她的内心却是脆弱、自卑和痛苦的。她从小就培养了一种强烈的愿望，那就是用自己的好成绩来满足父母。她认为只要自己达到了父母的要求，获得最好的成绩，就会获得父母的理解，就会得到父母的爱。所以，从小学到高中，她不敢公开反抗父母，而是逼迫自己努力地学习。等到了大学之后，她再也承受不住了，所以用自己的方式来反抗：逃课、逃避社交、挂科……

在父母的高期望下，孩子做任何事情都承受着巨大的压力，这使他们承受着巨大的负担，对学习产生了厌烦和憎恨，甚至对父母和生活产生了厌烦和憎恨。父母应该知道，孩子终究只是孩子，无法承担过多的压力。就好像是一棵小树，只有承受风雨的吹打才能更加强壮和茂密，但是如果风雨太大，小树只能弯曲地成长，甚至还会折断。如果父母一味地要求孩子达到过高的目标，或是将过重的希望寄托在他们的身上，那么只会压倒孩子。如此一来，这期望只能让孩子感到失望甚至是无望。

父母希望孩子有出息是对的，但是也并非是期望越高就越好，不切实际的期望只会害了孩子。所以，不要急于求成，更不要片面地追求成绩，给孩子一些时间和自由，让孩子一步步地成长，孩子才能更顺利地到达终点。

六、孩子没兴趣，父母逼迫也没有用

很多家长有这样的经历：当自己的孩子和别人的孩子站在一起的时候，觉得自己的孩子并不差啊，可是为什么孩子的表现总是没有其他孩子好呢？难道是自己的教育方法出现了问题？还是自己的孩子天生愚笨？自己到底错在了什么地方呢？

在回答这个问题之前，我们不妨看一个故事：

毕加索是世界上最著名的画家之一，为后人留下了无数珍贵伟大的画作。世界上没有人不为其才华所倾倒，没有人不想一睹大师画作的风采。可是，很少有人知道毕加索也是一位有智慧的父亲，并且教育出了一位非常出色的女儿。

毕加索的女儿名叫芭洛玛,像所有父母希望孩子继承自己的事业一样,毕加索也希望自己的女儿能够成为世界级的绘画大师。所以,在芭洛玛还小的时候,毕加索就对她进行艺术熏陶,时常让她在自己的工作室玩耍,鼓励她画一些东西,希望可以激发她对绘画的兴趣。

在芭洛玛 14 岁之前,她还是比较听父亲的话的,也接受了一些艺术指导,学会画一些自己喜欢的东西。或许是因为遗传,芭洛玛在绘画上也很有天赋,这让毕加索感到了欣慰和高兴。可是,让人没有想到的是,在芭洛玛 14 岁的时候,她突然对绘画产生了一种说不出的厌烦,开始拒绝学习绘画。

如果你是毕加索,你会怎么办?或许很多父母会认为,一个艺术大师的女儿,又具有绘画天赋,如果不画画,那多可惜啊!或许有些父母还会逼迫孩子继续绘画,继承自己的事业。但是,毕加索并没有这样做。虽然他也有些失落,感觉自己多年的努力白费了,但是他更懂得尊重孩子,尊重孩子的天性和兴趣。他对自己说:"孩子长大了,有了自己的思想,不再是那个凡事都听父母话的孩子了。她有了自己喜欢的事情,有了自己的主见,我应该高兴才是!"

毕加索没有责怪女儿,也没有逼迫女儿,反而安慰她说:"一个人的人生道路应该自己去摸索,要做自己喜欢的事情。虽然你是我的女儿,但是没有必要非要成为画家。你有什么兴趣和追求,就按照自己的想法去做吧!"

后来，芭洛玛爱上了珠宝和服饰设计，毕加索全力支持女儿。芭洛玛也因为自己的努力取得了骄人的成绩，成为著名的设计师。

毕加索真的是一位有智慧的父亲，因为他知道，尽管希望女儿和自己一样成为画家，但是如果女儿没有兴趣，逼迫是没有任何作用的。即便强迫孩子学习画画，也无法取得好的成绩。作为父母，只有顺应孩子的天性，考虑孩子的兴趣和爱好，才能让孩子有更好的发展。

可现实生活中，大多数父母却不知道这样浅显的道理。他们在望子成龙、望女成凤的虚荣心的驱使下，为了让孩子不输在起跑线上，便不顾孩子的兴趣爱好，不考虑孩子的实际情况，一味地让孩子学习父母认为的所谓"有前途""有发展"的东西。

其实，这就是你的孩子不如其他孩子的原因。当你看到其他孩子绘画出色、跳舞优美，便想要自己的孩子也努力学习的时候，你是否考虑过，自己的孩子是不是对绘画、跳舞有兴趣呢？是不是有绘画、跳舞的天赋呢？

如果明知道自己的孩子对这些不感兴趣，却因为别人都在学，或是因为这个东西有前途，就逼迫孩子去学习，又怎么能培养出出色的孩子呢？

所以，作为父母，不要因为害怕孩子输在起跑线上，就强迫孩子学他不感兴趣的东西，也不要以"爸爸妈妈都是为你好"为理由去逼迫孩子，否则只会让孩子失去快乐，走上错误的道路。

我们确实应该培养自己的孩子，也应该让孩子掌握更多的技能，但是更重要的是，我们应该发现孩子身上独特的闪光点，让他可以按照自己的兴趣和天性去发展，如此孩子才能朝着正确的方向去努力，才不会在成长的路途中迷失了自己，从而到达成功的终点。

七、紧绷的弦，也应该松一松了

现代社会是一个竞争的社会，到处充满了激烈的竞争，这些竞争在孩子身上也得到了充分的体现。不要说竞争激烈的中考、高考，孩子必须加倍努力才能从无数考生中脱颖而出，考上重点高中和大学，就连幼儿园、小学都如此，从各种比赛到大小考试，从兴趣班到特长班，竞争无处不在。

于是，父母为了让孩子在日趋激烈的竞争中获胜，便开始表现得"不淡定"了，看到电视上或是身边有那种特别优秀的孩子，就开始着急："为什么人家的孩子那么厉害？自己孩子可不能落后啊！""我们一定要奋起直追，绝不能在竞争中败下阵来。"好，那就想办法督促孩子努力，让孩子把全部时间都用在学习上。

甚至有些要强的妈妈，为了让孩子赢在起跑线上，在竞争中获胜，便不顾孩子的实际情况，也不问孩子是否愿意接受，一味地把大量知识倾倒给孩子。

我们可以理解父母希望孩子成才的殷切之心，也明白孩子只有努力拼搏才能在竞争中获得优势。但是，如果父母让孩子的弦绷得太紧了，恨不得孩子把所有的时间都用在学习上，没有一丝停歇的时间，那么孩子终会有承受不住的时候，就好像紧绷的弹簧时间长了就会崩断一样。

晓晓从小就非常优秀，头脑聪明、学习认真，最近以优异的成绩升入了重点高中。这所高中是省重点，每年考入重点大学的考生非常多，进入了这所学校就意味着提前拿到了重点大学的通知书。可是，这里的竞争也是异常激烈的，稍有懈怠，就可能被别人超越。

所以，晓晓的妈妈对她要求更严格了，亲自帮她制订了学习计划：每天6点起床，10点睡觉，做习题、上培训班、读课外书……几乎没有多余的休息时间，更别提放松休闲了。开始的时候，晓晓的学习成绩突飞猛进，始终保持在班级前三名。可是到了高二下半年，晓晓就出现了成绩下滑的现象，而且学习状态明显不如以前好。她每天上课都哈欠连天，注意力无法集中，就连听老师讲课都会听着听着就睡着了。更为严重的是，晓晓产生了严重的厌学心理，不想学习和做功课，甚至不想去上学了。她时常和朋友说："我真的太累了，每天就是学习，难道我的生活就剩下学习了吗？"

老师发现了晓晓的情况，立即和家长进行了沟通，这才发现原来是父母把孩子逼得太紧了，孩子的弦绷得太紧了。后来，晓晓妈妈听从了老师的建议，取消了晓晓培训班的学习，并且重新制订了学习计划：每天根据晓晓的实际情况安排作息时间，留出一至两个小时的休息或娱乐时间，这段时间晓晓可以自由支配，可以听听音乐，也可以看看电影。当然，在学习时间，晓晓必须集中注意力，认真学习。

果然，这个计划实施了一段时间后，晓晓的学习状态比以前好多了，成绩也有了起色。

很明显，晓晓的妈妈之前的做法是错误的。虽然我们理解父母都希望自己的孩子成绩好，但是这种高强度的学习，只能让孩子长期处于疲惫状态，精神长期处于压抑和紧绷状态。久而久之，孩子不仅学得很辛苦，也无法达到最佳状态。

因为学习本来就是一件非常耗费精力的事情，在学习的过程中，孩子需要付出很大的辛苦，同时精神始终处于一种高度紧张的状态。所以，如果父母把孩子的时间安排得太满，孩子自然就会产生心理疲倦感。更何况，学习并非是一朝一夕就可以完成的，孩子从小学一年级开始，要持续努力学习十几年甚至更长，没有哪个孩子可以一直处于精神饱满的状态。不要让孩子的弦太紧绷了，当孩子感到疲惫的时候，不妨让孩子松一松吧！

俗话说"一张一弛，文武之道"，对于孩子来说，不管是学习还是做任何事情，都应该做到有张有弛，劳逸结合。父母应该培养孩子的竞争意识，让孩子努力学习，争取在激烈的竞争中脱颖而出；同时，还应该合理地安排孩子的时间，不要剥夺孩子玩的权利。

让孩子每天都有一段自由活动的时间，让他轻松一会儿，自由自在地玩一会儿。如此，孩子才能更好地学习，更好地成长。

第 四 章

千万次的说教，不如孩子的一次体验

人生的经验，不是来自书本，也不是来自家长循循善诱的说教，而是来自实践，来自亲身体验。就算孩子因此摔跤，他也会记住身上的伤疤为何而来，只有这样，今后的人生之旅才会走得踏实而坚定。

一、勇敢一点，没什么可怕的

海成是一个非常可爱的小男孩，不但有礼貌，还很乖巧，院子里的大人都特别喜欢他。他唯一的缺点就是胆小。邻居比他小的孩子玩儿的游戏，他都不敢玩儿，做任何事情也都畏首畏尾。伙伴们都说他胆子太小，是个胆小鬼。海成很喜欢爸爸，因为爸爸每次都给他买很多好吃的和好玩儿的东西回来，可是有的玩具他很喜欢，却不敢玩儿。暑假到了，爸爸要带海成回乡下老家，海成高兴极了！但妈妈告诉爸爸说，海成胆小，千万不能让他出去跑、跳、爬高等。

到了乡下，爸爸带着海成踢球，到海边玩儿。海成玩儿得非常高兴，但他发现爸爸有时候只顾自己玩儿。例如，踢球的时候，海成摔倒了，像往常一样，海成"哇哇"地哭起来。以前在家里的时候，只要海成摔倒了"哇哇"一哭，妈妈就会过来哄他，把他抱起来。可是，小海成哭了好大一会儿，爸爸始终不理他，还走到远处去捡球。于是，海成继续哭，可是，爸爸捡球回来后，却自己在一边玩儿了起来。海成一看没人理他，只好自己慢慢地爬起来。以后海成摔倒了，他就自己起来，接着和爸爸抢球。由于他总能抢过爸爸，爸爸就说他是个小英雄，海成高兴得合不拢嘴。

有一天，爸爸和海成玩爬梯子。爸爸刚把海成放上去时，他很害怕，拼命地喊："救救我，爸爸，我要下去!"后来，爸爸自己爬了好几次，告诉海成说："你看，很安全，努力一下你肯定能爬上去。爬上梯子，你就可以拿到你想要的奥特曼。"起初海成还是不敢爬，他想让爸爸上去给他拿奥特曼。爸爸却说只有海成自己拿到了，奥特曼才能算是他的。海成试了试，爬了第一个阶梯；等到第二天，海成又爬了第二个、第三个阶梯……后来海成竟然能爬到最高的地方了，他拿到了自己喜欢的奥特曼。

恰巧，妈妈这时候来接海成，她看见海成在那么高的地方玩儿，腿都软了，害怕得说不出话来。可是，她看见儿子不仅不害怕，还在高处兴奋地喊着："妈妈，我上来了! 我拿到奥特曼了，我不是胆小鬼了!"妈妈才松了一口气，并开心地笑了。

战胜生活中的挫折和困难需要勇气和胆识，这些都需要在孩子小时候开始培养并发展起来。但父母的娇惯，往往会使孩子变得无能、胆小，不敢冒险。如果父母怕有危险，总是希望孩子平安，而不敢让孩子亲自去体验，孩子自然就会越来越胆小。很多时候，孩子都是受家长的影响而变得胆小的。

不经一番寒彻骨，怎得梅花扑鼻香。逃避问题并不能帮助孩子真正长大。父母应当培养孩子勇于面对挫折和困难的精神，把经历挫折当作孩子成长的必修课。在日常生活中，父母应多给孩子讲解一些生活常识，让孩子自主地去行动、去体验，去发现和运用自己的潜能。如此一来，孩子懂得多了，胆子也就大了，能力自然也会有所增强。

孩子胆小怯懦的原因是多方面的，锻炼孩子的勇气，也是对父母自身勇气的考验。那么，怎样才能使孩子掌握更多的生活常识，增强孩子的勇气，让孩子学会生存之道呢？

首先，我们可以给孩子体验生活的机会。父母要尽可能多地为孩子创造体验生活的机会，让能力弱的孩子变强，并找到勇气，开辟一条广阔的生存之路。例如，让孩子经常参加夏令营、冬令营等集体活动，多体验不同于平时学校、家庭的生活。在日常生活中，父母还可以让孩子到邻居家借东西，到附近的商店买东西。孩子在生活中经历的事情越多，胆子就会越大；而孩子的经验越多，就会越自信、自强。

其次，让孩子体验成功。体验成功是消除孩子胆小怯懦最好的方法。如果孩子害怕一个人睡觉，父母可以等孩子睡着之后让孩子一个人独睡。第二天告诉他，昨晚是他一个人睡觉的，不仅没有什么事，而且睡得很香。孩子有了独自睡觉的成功体验，胆子就会慢慢大起来。

最后，培养孩子的独立性。父母替孩子包办的事情越多，孩子就会越胆小。所以，父母应该多鼓励孩子去做一些力所能及的事情，让孩子懂得自己解决困难。

总之，身为父母，我们要从思想上认识到怯懦、胆小、缺乏勇气是不利于孩子健康成长的。我们要时刻鼓励孩子，告诉他们：勇敢一点，没什么可怕的。

二、让孩子自己学会成长，而不是替他成长

雏鹰刚睁开眼睛的时候，会惧怕浩瀚的天空。孩子就是父母眼中的雏鹰，用好奇又有些畏惧的眼睛看着周围的一切。如果父母不能像老鹰那样让孩子自己学会成长，而是害怕孩子遭遇危险，对他过度地保护和娇惯，替孩子成长，就很容易让孩子形成怯懦的性格。

有一个叫琴琴的小女孩，是家里的小公主，也是一家人的重点保护对象，是家人"捧在手里怕摔了，含在嘴里怕化了"的心肝宝贝。琴琴两岁的时候，在小区花园里玩儿童滑梯时不小心摔了下来，妈妈很心疼，马上安慰孩子说："都是这个坏滑梯害我们家琴琴！"从那天之后，琴琴再也没有玩过滑梯。

琴琴现在已经是小学五年级的学生了，有一次妈妈带她来我家玩儿，一进门她就低着头跟在妈妈的身后，说话声音也非常小，几乎听不到。

坐下来之后，我和她妈妈随便聊些家常，就让我的女儿和琴琴一起

玩儿，但是扭扭捏捏的琴琴好像不太愿意去，最后还是我再三鼓励她，她才愿意的。

几分钟之后，琴琴突然受到惊吓般地跑到客厅，她妈妈赶紧搂住她，问她怎么回事，她一直低着头不说话，脸上害怕的神情还在。

我也很奇怪地看着琴琴，难道是女儿欺负琴琴了？正在这时，女儿从房间里走了出来，睁大一双眼睛惊奇地看了看琴琴，然后又看着我说："妈妈，我没有欺负她。"

"发生什么事情了？琴琴怎么会吓得叫起来？"我问女儿。

"妈妈，我和她在做实验，琴琴一看到冒烟，就吓得叫起来了！"女儿说。

"天哪？你让孩子在家里做实验，你不怕她把家给烧了？这太冒险了！"琴琴的妈妈难以置信地看着我和女儿。

我马上笑着解释说："这没事儿的，琴琴也不要害怕！她们做的只是最简单的化学实验，不会有任何危险的。"

"妈妈，我害怕，我要回家！"琴琴非常小声地向妈妈乞求道。

琴琴母女走后，女儿来到我面前说："妈妈，我们是不是错了？"

"没有！走吧，妈妈要看一看你的实验成果！"我马上给女儿打气说。

"妈妈，琴琴的胆子真小，我都不怕！"女儿挺起小胸脯，自豪地说。

其实在生活中，像琴琴这样胆小的孩子很多，有些是因为父母的原因，如过度地保护和宠爱、在孩子面前很强势等；有些是孩子的天性，或者是受到某些事情的影响，让孩子变得胆小、懦弱，缺乏自信和勇气。

曾经有一项针对全国中小学生的问卷调查，其中有一道题的答案排名是这样的：承认自己主要缺点是"胆小"的孩子比例最高；承认自己最值得骄傲的优点是"有毅力"的比例最低；而承认自己"勇敢"的孩子数量排在倒数第二位。

这个调查给所有的家长敲响了警钟，孩子"胆小"的问题已经不是一个小问题，由此而带来的一系列坏影响，将会是孩子的发展和学习生活中的不利因素。

胆小、懦弱的孩子做事没有勇气和自信，而且缺乏毅力去坚持做一件事情，处理问题的能力也很弱，人际交往方面也存在很大的隐患。随着年龄的增长，孩子就会形成一种固定的观念，很难再改变，所以父母应该在孩子小时候就让他远离怯懦。

那么父母应该怎样做呢？我认为这需要分不同的情况来看，因为孩子的胆小、怯弱是环境因素和遗传因素复杂作用下的结果。很多时候父母的性格习惯，如做事的风格、讲话的语调、对待孩子的态度等，都会直接影响孩子日后的发展。

首先，我认为对孩子娇惯和过度保护的父母要换一种爱的方式。父母宠爱孩子是人之常情，但是要适度和理智，还要讲求方法，让孩子在父母"爱的教育"下变得自信、自立、勇敢和坚强。

父母不要给孩子太多的"禁区",要鼓励他勇敢地去冒险,去大胆地做一些自己从来没有做过的事情,拓宽孩子的知识面。父母在日常生活中不宜太多地给孩子暗示这件事情"不能做",那件事情"有危险",或者"你太小",或者"你能力不够",这些信息如果不停地灌输到孩子的脑中,就会形成一种意念,让孩子变得胆小和畏缩,这对孩子的心智和性格的发展都会产生不利的影响。

孩子的怯懦和害怕失败,还和父母对他的高要求有关。孩子很害怕自己让父母失望或者遭到父母的斥责,于是先在心理上给自己刻上了"输不起"的符号,做事谨小慎微,不敢去和别人竞争及面对现实。

爱孩子的父母要让孩子自己学会成长,而不是父母替他们成长。父母的责任是教会孩子怎样坚强地面对这个社会,承担起自己的责任,用一种积极的心态面对一切困难和挫折,勇敢自信地面对人生路上的风雨彩虹!

三、今天不让孩子去冒险,明天将有更大的危险

好奇心是人类与生俱来的特点,特别是孩子,他们对未知事物的好奇心远超于成年人。因此,有时孩子做的事情,在他们看来只是一次有意思的探索,但在父母眼里,那就是一次冒险。

有一次,我带着女儿去海洋馆玩。那天,海洋馆里人头攒动,有很多父母带着孩子来参观,每个父母的脸上都是严阵以待的表情,生怕孩子走丢了,或者掉到水里"喂了鱼"。

当我和女儿到达表演厅，准备看海豚、海狮表演时，孩子们都对可爱的海洋动物们表现出极大的兴趣，甚至想把自己的零食丢到水池里与它们分享。即使水池边的玻璃有一人多高，有些父母在孩子靠近玻璃时也一把拉住他们，有的父母还紧紧地抓住孩子的胳膊，对孩子说："你不要过去，万一海狮冲过来撞碎了玻璃怎么办！"其实我们都知道，这种事情发生的概率极低。

女儿性格内向，胆子小，她一直紧紧抓着我的手，不敢靠近水池。我觉得这是锻炼女儿的一个好机会，于是我对女儿说："宝贝儿，你看这些海狮多聪明啊，你去和它们打个招呼，交个朋友好不好？"

女儿依然很害怕："不要，我害怕，妈妈。"

我微笑着对女儿说："宝贝儿怕什么呢？你看，这些海狮是不会伤害你的。你看到那个驯导员哥哥没有，他和海狮玩儿得多开心啊，只要你对它们好，它们怎么会伤害你呢？而且周围还有驯导员哥哥，我们试试看好不好？"

女儿小声问我："妈妈，它们会不会突然咬我啊？"

我继续对女儿说："小海狮也有不听话的时候，不过宝贝儿这么友好，海狮一定看得出来的，再说，你还有零食和它们分享呢。"

这时，一位一直站在我旁边的父亲说："你女儿这么胆小，她不敢就别去了嘛，万一给孩子吓出什么好歹来呢？"

我笑着对这位父亲说："没事儿，小孩子需要一点'冒险精神'，要不然他们永远体会不到有意思的新鲜事物。"

最后，女儿在我的鼓励下，一点点接触小海狮，和小海狮握手，而那只小海狮还调皮地弄了女儿一脸水，女儿被逗得大笑。最后离开海洋馆时，女儿还不舍地问我什么时候才能再来看小海狮。

通过这件事情，我明白了，父母不能过度地保护孩子，因为担心孩子的安全而杞人忧天是没有必要的。正是孩子的冒险精神，让他们对这个世界有了新的了解。不过在孩子"冒险"的过程中，父母不仅要保护孩子，还要告诉他们"孰可为孰不可为"，充当孩子的"军师"。

令我感到遗憾的是，当孩子想要去冒险的时候，基本都会遭到父母的拒绝，唯一的理由就是："这么危险，你不要命啦！"父母并没有明确地告诉孩子，为什么这件事是危险的，如果遇到了危险该怎么自救。

假如父母不分青红皂白就扼杀孩子的想法，只会有两个结果：

第一，趁父母不注意，孩子偷偷地实施自己冒险的想法，也许会造成更严重的后果。

第二，孩子安于现状，再也不敢探索新事物，胆小怕事。

不管是哪一种结果，都不是父母想要的。

正确的做法是，鼓励孩子去冒险，在冒险之前帮助他们分析利弊，让他们对即将来临的冒险有深刻的了解，明白其中的危险并找到一些应对方法，那么在冒险之路上就会减少危险，孩子会获得更多有益的东西。

春节时，爸爸妈妈带着洋洋回老家过年。在房子不远处有一个湖，一到冬天就会结冰，即使湖边挂上了"严禁溜冰"的牌子，孩子们还是纷纷要求父母带他们去滑冰。

有一天吃完饭，洋洋扔下碗就往外跑，妈妈马上喊住他："你干什么去？"

洋洋吞吞吐吐地说："我出去玩儿一会儿。"

"出去玩儿？我看你是想去溜冰吧。你要是真想去，我没意见，但是妈妈事先跟你讲一讲。"妈妈语气柔和而又不容置疑。

"讲什么？反正都被你发现了，不去还不行吗！"洋洋有些生气了。

妈妈依然很和蔼地对洋洋说："你当然可以去，妈妈不拦着你。不过妈妈要告诉你，这个湖不深，以你现在的身高，即使你不小心掉进去了，水也只会淹到你的胸口，基本上不会有生命危险。但是，这里还有比你小的弟弟妹妹，如果他们看到哥哥敢去滑冰，就会模仿你，到时候他们遇到了危险，你说该怎么办？"

洋洋听完妈妈的话，坐在椅子上想了想，然后抬起头说："妈妈，我知道该怎么做了，我现在有急事要处理。"

看着洋洋飞快地冲出家门，妈妈没有拦着他。

后来妈妈才知道，洋洋带着弟弟妹妹们组成了一个"志愿者小分队"，每天吃了饭就在湖边有模有样地巡逻，告诉其他想滑冰的小朋友有危险。

我一直提倡父母放手让自己的孩子去"冒险"，这样会让孩子的可能性变得更多，他们能从自己"冒险"的过程中学到在家、在学校学不到的东西。通过"冒险"可以锻炼他们的思考能力、动手能力、团队协作能力以及应变能力等，当然，这些能力不是一天养成的，但是在父母的引导下，孩子一定会有所收获。

读万卷书，行万里路，放手让孩子去"冒险"，给他们打开一个丰富多彩的冒险世界吧！

四、松开你的手，让孩子自己做事

孩子的可塑性都很强，他们从小受了什么教育，就会被塑造成什么样的人。拿轩轩来说，他从小在奶奶家长大，从来都是衣来伸手、饭来张口，全家人围着他一个人转，他性格中的"霸道"因素就是这样养成的。平时，奶奶不让轩轩做任何家务，就连衣服扣子都是奶奶给系好。如果有小朋友不想跟轩轩玩，奶奶就说："不跟他们玩了，奶奶陪你玩。"在玩的过程中更是处处让着他，这也就阻碍了轩轩和别人交流的机会，让他形成了典型的"双重性格"。

一提到独立解决问题，就好像是成年人的问题，其实不然，真正需要独立解决问题的是孩子。孩子将来要立足于社会，会遇到各种各样的困难，他们要运用自己的能力来解决这些难题。如果孩子不会独立思考，就没有办法迎接挑战。

我有一个从事幼教工作的朋友，她跟我讲起给孩子上课时发现的问题：老师在美术活动中让孩子们画苹果，孩子们都在认真地画，只有一个叫桐桐的小女孩一动不动地站在那里。老师走过去问："你为什么不画呢？"桐桐说："老师，我不会。"孩子们都要自带水杯，大家把水杯放在一起，到了课间休息时间再找到自己的水杯喝水。小男孩强强每次都举手说："老师，我没有水杯。"其实不是他没有带水杯，而是他不会去找自己的水杯。

为什么会出现以上的情况呢？这跟家长的教育方式有直接关系。孩子们具备了处理问题的能力，但家长还是不放心，全都要替孩子包办，剥夺了孩子独立做事的权利，导致孩子独立解决问题的能力逐渐退化，遇到问题本能地回避，希望能有人替自己解决。

家长要培养孩子处理问题的能力，要做到放开手脚，在日常生活中做个"懒人"。凡是孩子自己的事情就让他自己去做，如让他们自己穿衣服、自己整理房间等。第一次做这些事情难免会忙中出错，但是只有在错误中才能汲取经验教训，以便下次做得更好。也许孩子会惹出很多麻烦，但家长不应该插手，而应该暗中给予帮助。

培养孩子的独立意识很重要，我们不妨借鉴一下外国的教育模式。在国外，孩子到了一定年龄，家长会让他出去打工，体验生活的艰辛，让他们学会独立生存的技能。这样，孩子在实践中就能掌握很多能力，逐渐具备独立意识。

而我们国家的不少家长缺乏让孩子锻炼的意识。我们应该让孩子知道，一旦遇到问题，要动脑筋积极解决问题，而不是消极地等待。例如，让孩子自己选择穿什么衣服；和同学吵架了，自己分析原因并解决，而不是全靠家长替他们完成这些事情。遇到和孩子相关的问题时，征求孩子的意见，理解并尊重他们。

在培养孩子处理问题的能力时，也应该适当给孩子设置一些小的障碍。比如，我们可以让孩子独自去买东西，看看他们如何解决自己所遇到的问题；我们可以让孩子安排自己的时间计划，什么时间写作业，什么时间休息、看电视；还可以让孩子自己处理一些突发问题，比如打翻了东西……这样的方式既锻炼了孩子，又没有加以干涉，不失为一种好办法。

我们都希望孩子以后有很好的发展，那么就必须用实际行动鞭策他们，给他们提供机会，让孩子真正做到用自己的智慧解决问题。

时常给孩子一些鼓励也是一个好方法。孩子需要得到欣赏和肯定，家长充满鼓励的眼神和语言，都是对孩子莫大的支持，能带来无穷的力量和积极的效果。

有一次，5岁的女儿回家沮丧地对我说："妈妈，今天我惹祸了，把小朋友的水杯摔坏了。"

我问她："那你觉得自己应该怎么办呢？"

女儿说："我已经向她道歉了！"

我又问道："除了道歉，你还应该做什么呢？"

女儿想了想，说："我应该赔人家一个水杯，可是我家里也没有她那种水杯啊！"

我笑着说："那就需要你自己想办法了。"

过了一会儿，女儿说："妈妈，我可以用自己的零花钱买一个新的，然后再赔给小朋友。"

听了女儿的话，我立即夸女儿是一个懂事的好孩子，而第二天她就高兴地说自己和那个小朋友和好如初了。

让孩子置身于群体中，有助于培养他们处理问题的能力。多和外界交往，才能建立起群体意识，对于那些从小娇生惯养、以自我为中心的孩子来说，这更是不可或缺的锻炼。

我们不能给孩子一切，他们终将离开家的避风港，走向社会，成为未来的主人。当我们给了孩子解决问题的能力时，就等于给了孩子一个崭新的未来。

五、失败并不可怕，谁也不能永远成功

父母都希望自己的孩子能够成功，希望孩子在成长的道路上能少走弯路，正因为如此，当孩子在竞争中失败的时候，父母往往比孩子还要着急。可父母应该知道，不管做什么事情，有人成功就有人失败，有人赢就有人输。

事实上，孩子各方面的能力和经验都还不完善，做事也不够成熟，所以失败在所难免。失败是孩子的权利，也是他们成长的过程。对于孩子来说，失败并不可怕，关键在于在经历失败后是否能够吸取之前的教训，保持信心，从而走出失败的阴影。

如果父母在孩子遭遇失败的时候，不但不理解、不鼓励，反而比孩子还着急，对孩子进行批评和指责，那么孩子幼小的心灵必将受到严重的伤害，自然离成功越来越远。如果在孩子因为失败而难过的时候，父

母不但不鼓励、不帮助,反而在孩子面前唉声叹气,抱怨孩子运气差,那么孩子也会陷入沮丧的情绪之中无法自拔。在教育孩子的过程中,这些都是应该避免的。

正确的做法应该是让孩子明白,失败没有什么大不了的,谁也不能永远成功。聪明的人会把失败当成成功的一次演练,会从失败中吸取教训,继续努力。如此一来,父母必将很快迎来孩子的成功。

成成已经上小学六年级了。从小到大,他都是父母眼中的好孩子,是亲朋好友心中的"别人家的孩子"。因为他成绩一直名列前茅,各方面都非常优秀,所以爸爸妈妈从内心感到自豪。每当在别人面前提到孩子的时候,爸爸妈妈都会骄傲地夸赞:"我们家孩子从小就聪明懂事,从来没有让我们操过心。学习成绩就不用说了,还是班里的学习委员,每年三好学生、优秀班干部的奖状都获得好几张。我们家孩子这么优秀,将来肯定能考上重点中学,上名牌大学……"

可是,事情往往不尽如人意,在升学考试的前几个月,成成得了一场大病,住了一个多月的医院才康复。在这关键的时刻,成成落下了一个多月的课程,成绩自然会受到影响。尽管孩子在接下来的时间里努力学习,但是成绩还是不算太理想,比重点中学的录取线差了几分。

当考试成绩出来的时候,成成的父母气急败坏地对成成说:"你以前成绩那么好,耽误了一个月就考成了这样,真是太令人失望了!我还时常在别人面前夸你,说你肯定能上重点中学,肯定大有前途!这下,我们的脸都让你丢尽了!""你没有考入重点中学,这就比别人差了一大截，还有什么前途可言！我看你这辈子就完了，以后就做个平庸的人吧！"

听了父母的话，成成实在是太伤心了，但是他不敢反驳，只能一个人流泪。之后，成成好像变了个人似的，没有了之前的自信和朝气，变得沉闷孤僻起来，而成绩也一直没有好起来。所有人都因为孩子的改变而感到惋惜："一次失利，竟然让孩子变成这个样子，真是太可惜了！"

真的是这次失败让孩子变成这个样子的吗？

不，是父母错误的教育方式毁掉了孩子的大好未来。成成父母明知道孩子是因为生病耽误了学习，才导致考试成绩不佳，却没有安慰和鼓励孩子，反而批评和指责孩子，甚至因为孩子这一次的失利，就断言孩子将来肯定没出息，肯定不会获得成功，这对孩子来说难道不是最大的打击吗？

况且，孩子的心理本来就很不成熟，容易因为失败而情绪低落，甚至是失去信心。在这种情况下，父母还火上浇油，孩子怎么可能不产生挫败感，怎么可能很快走出失败的阴影？

在这个世界上，没有人永远是输家，也没有人永远是赢家。孩子成功了，固然让人高兴，但是失败也并非是一件坏事，并不代表孩子能力不行。相反，在竞争中，失败有时候要比成功能给予孩子更多的收获。

在教育孩子的过程中，父母应该明白这样一个道理：当孩子努力尝试做一件事情的时候，很可能等待他们的并不是成功，而是失败。失败了并不意味着孩子不努力，并不意味着孩子不行，只是因为成功距离孩子稍远一些而已，只是成功的道路上多了一些坎坷而已。这个时候，父母需要做的不是苛责、批评，而是应该耐心地帮助孩子找到失败的原因，鼓励他勇敢起来，坚强起来，再次尝试。

只要父母耐心地等待，不断地鼓励和支持孩子，让孩子再试一次、两次甚至更多次，相信孩子必定会迎来成功。

六、顺着孩子的视角去看，才能走进孩子的心理世界

我经常听到周围一些父母的抱怨：不知道现在的孩子在想什么，难以和他们沟通。其实不难理解，因为父母在用自己的视角看待孩子，而这种视角是不对等、不公正的，父母的视角往往带有审视的意味，审视孩子的一举一动，审视他们的生活，而从来没有站在孩子的角度想一想，除了爱，自己还应该给孩子些什么？

天天非常喜欢画画，总是在墙上、桌子上涂涂画画，于是妈妈便给他买来了画笔和画纸，教孩子画画。可天天却画出了长翅膀的兔子、蓝色的云朵、彩色的房子……

妈妈笑着说："孩子，你画得不对！"

可天天却说："不，我觉得它们就是这样的，这多美丽啊！"

这就是孩子的视角，只有顺着孩子的视角去看，才能真正走进孩子的内心世界。我们要注意跟孩子的沟通交流，善于从他们的角度观察他们的快乐与忧愁。

我不禁想起了著名漫画家朱德庸先生，他从小就是家长和老师眼中

公认的"问题小孩"，对学校非常反感。在成为父亲以后，他把孩子当成知心朋友，非常注重和儿子的沟通。

在一次访谈中提到孩子的教育问题，朱德庸说："我讨厌学校，也不想让儿子去上学，反倒是儿子经常早上站在我床边央求我说：'爸爸，我要上学。'"现场的人都笑了。

哪个孩子不喜欢这样的父亲呢？分明是个童心未泯的大孩子。难怪他能创作出《绝对小孩》这样经典的漫画，因为他会从孩子的视角出发，以孩子的眼睛观察世界，用孩子的心感悟世界。

孩子眼中的世界是色彩斑斓的，通过这双纯洁的眼睛，能看到很多大人看不到的东西，这也就是《绝对小孩》如此受欢迎的原因吧？

相比之下，很多父母不理解孩子，往往在他们兴高采烈的时候给他们当头一棒，伤害了孩子雀跃的心。

有这样一个场景：父母带着孩子去公园玩耍，孩子非常开心，不停地在父母面前跑来跑去，快乐得像一只小鸟。这时父亲突然大喝一声："跑什么跑，我头都晕了！"孩子吓了一跳，然后一声不响地跟在父母身后，保持三四米的距离。很显然，孩子欢乐的情绪受到了影响。

如果这位父亲不是居高临下地大声呵斥，而是很好地利用这个机会与孩子共同欣赏公园里的美景，多提问、多交流，不时活跃一下气氛，孩子就不会跟他保持"距离"了。

亲子游戏有利于促进孩子的心灵健康成长。在孩子眼里，任何事情都可以成为一种游戏，只要家长善于把握时机，适当因势利导，就能从一个游戏的旁观者变成游戏的参与者，成为孩子的好玩伴、好朋友。

要和孩子成为真正意义上的朋友，我们还有很长的路要走。

有一家国际机构在全球范围内做了一项调查，请青少年列出自己崇拜的人。结果，大多数国家的青少年都把自己的父母列在第一位或是前几位，只有中国的青少年把父母列在最后几位。

中国的孩子为什么不崇拜自己的父母？这是一个值得思考的问题。我们往往投入了高于其他国家父母很多倍的心血来栽培孩子，但是付出与回报竟成了反比。

因为中国父母望子成龙、望女成凤的思想根深蒂固，孩子所处的家庭环境无疑对他们有着最大也最直接的影响。我们总喜欢用自己的标准来约束孩子，于是有了许多"必须这样做""应该这样，不应该那样"的语言，却很少有父母能扪心自问：孩子能接受这样的提议吗？他会明白吗？他心里的真实想法是什么？不得不承认，这种约束是教育的一大败笔。

无论是儿童、少年还是青年，都是有独立人格的人，有自己的天赋和喜好，也有自己的选择和个性。要对孩子真正起到教育作用，父母就应该以他们的视角考虑问题，充分考虑到他们身上不同的特点。

我想父母都遇到过类似的情况，如孩子倔强、一意孤行、不肯听从劝告。其实这种情况，不仅是孩子太任性，也不仅是孩子自我情感的一种宣泄，它更包含了一种被尊重的需要。

那么，我们应该怎样与孩子进行沟通呢？无疑，对话与提问是很好的方式。

对话，但是不要以家长的口吻颐指气使，因为孩子不需要居高临下的老师，而是需要了解他们真实想法的朋友。一些父母有很严重的"家长情结"，认为自己是绝对权威，说话如同下命令，不可违背，这样必然导致孩子的逆反心理。顺着孩子的思路走下去，不失为一条妙计，既能让孩子得到安慰，又能理解他们的真实意图。

朋友陈琳也陷入过尴尬的境地。到了晚饭时间，她的女儿还在摆弄自己的拼图玩具，她心急地吼道："先别玩了，吃饭！"女儿马上嘟起嘴，硬是要跟她"顽抗到底"，说什么都不肯乖乖听话。事后她冷静下来反思：如果我是孩子，正玩得高兴，也不希望被呵斥啊。

有了这次教训，陈琳不再像从前那样。当女儿贪玩的时候，她会说："宝贝，先让玩具休息一下，我们吃过饭一起玩好不好？"女儿很愿意接受这样的询问，也就很顺从地吃饭了。

跟孩子说话要讲究技巧，委婉一些，多顾忌孩子的自尊心，站在他们的角度为他们着想，教育就会事半功倍。

提问也是有讲究的。孩子排斥"好问"的父母，那种窥探隐私似的追问，会让孩子觉得父母疑神疑鬼，对自己没有信任感。孩子再小，也有自己的小天地，那是出于自我保护的需要。尤其从学校回到家里，孩子很想要父母亲切的问候，很想感受父母的关切，而不是过多过细的疑问。

聪明的父母会引导孩子主动说出心中所想，这基于家庭中轻松民主的氛围。不要给孩子造成"受审"的感觉，多与孩子商量，适当运用"好不好""你觉得怎么样"这样的句子，会使孩子乐于跟父母交流。

"问"的前提是充分尊重孩子，不要采用单向思维的提问方式，认为"孩子是我的，我想怎么问就怎么问"，却忽略从自身总结问题所在，忘记审视自己身上是不是有问题。摒弃"家长总是对的"这种观念，与孩子的交流会更加顺畅，教育的效果会提升很多。

像朱德庸先生，他和妻子总结出的教育经验就是要聆听孩子，要退回到孩子的年龄，真正地去和他做朋友。他果真培养出了一个优秀的儿子，他的儿子在升高中的时候，考上了全台湾最好的建国中学高中部。

一个优秀的孩子背后往往站着理解他的父母。正是轻松愉悦的家庭环境，给了朱德庸的儿子学习的激情，相信我们也可以做到。

孩子敏感而简单，又富有创意，多从孩子的视角出发，能体会到孩子多彩的内心，也能看到更为丰富的世界。

亲爱的孩子，我们希望你们健康地成长于柔软的土地，展开双翅，飞向更高远的天空。

第五章
"熊孩子"叛逆不听话，给点"糖"搞定他

每个孩子都希望得到赞美、鼓励和赏识，即使"熊孩子"也不例外。当"熊孩子"叛逆不听话时，我们可以给他们点"糖"吃，通过赞美、赏识和鼓励来给他们注入力量，引导他们走上正确的人生之路。所以，要想迅速地搞定"熊孩子"，请站在最美的角度去赞美、赏识和鼓励他们！

一、给孩子制作一个奖励墙

人们常说，奖励比说教、批评更有效果，对于孩子来说更是如此。适当地奖励和表扬，会让孩子感到自己做的是正确的，父母对自己的行为是肯定和支持的，从而燃起孩子的自信心和进取心。

所以，作为父母，当你看到孩子的进步和优点时，一定不要吝啬自己的赞美，一定不要忘了给孩子奖励。要知道，你的赞美和奖励就像是助力器一样，可以为孩子注入巨大的能量，使他变得心情愉快、精神饱满，并且坚定自信地生活和学习下去。

对于孩子来说，奖励可以是一句表扬、赞美的话，可以是一个充满

爱意的拥抱,也可以是增加看电视十分钟、玩电脑半个小时的时间,或者是承诺带孩子去他梦寐以求的地方旅游。还有一些父母时常用物质奖励,如幼儿时期,如果孩子表现好了,父母就会奖励给孩子糖果、玩具;孩子再大一些,父母则会奖励孩子金钱、玩具车、漫画书等。但是,不管是哪种奖励,对于孩子来说都是一种肯定和激励,都会促使孩子进步。不同的奖励方式,激励效果也不同。

但是,很多父母发现,明明自己时常给孩子奖励,但是效果却并不明显。当孩子刚刚获得奖励的时候,会表现得非常好,进步比较大。可是过了一段时间后,奖励的效果似乎就不太理想了。孩子时常在获得了奖励之后,依然没有进步和改善。

这究竟是为什么呢?

这是因为这些父母没有找到奖励孩子的最佳方法。聪明的父母不仅懂得时常给予孩子一定的奖励,还懂得让孩子看到自己的进步,而给孩子制作一个奖励墙就是不错的方法。其实,这个方法真的非常简单,父母可以帮助孩子制定一个表格作为奖励墙,或者是让孩子自己制作一面属于自己的奖励墙。

一方面,列出孩子可以获得的奖励和惩罚,如主动完成作业可以加5颗星,作业拖拉、不认真则要扣掉1颗星;在学校受到老师表扬可以获得5颗星,而受到老师批评或是犯了错则要扣掉5颗星;在与人交往的时候,懂礼貌、讲文明可以加5颗星,随便发脾气、大吼大叫则要扣掉3颗星;等等。

另一方面，父母应该明确规定，孩子所获得奖励达到一定数量，就可以获得什么样的奖励，就可以向父母提出什么样的要求。例如，50颗星可以换一次看电影或是购买心爱的玩具的机会，100颗星可以换得一次外出旅游的机会，等等。

这样一来，孩子不仅可以因为获得奖励而高兴和自豪，还可以明确地看到自己获得的成绩以及需要改进的地方。更重要的是，当孩子看得见自己的进步的时候，就会努力提高自己、改善自己，时间长了，就会养成良好的行为习惯，实现自我管理。

现实生活中，很多从事教育工作的老师都会采取这样的方法来鼓励孩子进步，因为他们知道，孩子总是在不断的鼓励和肯定下进步的。当孩子发现自己做得好就可以获得奖励，自己在一点点进步的时候，他们就会很有自信，也会很有自豪感。如此一来，孩子就会想："我受到了父母的表扬，我以后还要更努力。"那么孩子自然就会做得越来越好。

当然，父母应该注意的是，虽然奖励墙上有奖励，也有惩罚，做得好可以加星星，做得不好可以扣掉星星，但是父母千万不能把奖励和惩罚进行互换。如孩子考试成绩进步了，但是却犯了一个错误，父母千万不要对孩子说："今天的奖励和惩罚抵消了，不能获得星星，也不用扣掉星星了。"如此一来，就会让孩子产生这样的错误想法：原来，我可以随便犯错，只要拿奖励去换就可以了，就可以免除惩罚了。这不仅不利于孩子进步，反而会纵容孩子养成不良的行为习惯。

同时，父母也不能拿奖赏和孩子做交易，对孩子说"只要你做好了……，我就给你……奖励"，否则，孩子就会为了奖励而不得不去做，而根本不是发自内心地去做，这对于孩子的进步没有丝毫作用。

给孩子制定了奖励墙，让孩子受到奖励，并且看得到自己的成绩和进步，对于教育孩子非常有效。亲爱的父母们，如果你还不知道如何奖励孩子，那就尝试一下奖励墙吧！

二、孩子最需要的九个赞美

什么最容易让孩子不断地进步？是什么能让一个顽皮的孩子变得乖巧？又是什么能让一个叛逆的"熊孩子"变得听话？

答案就是赞美。父母的赞美可以带来非常奇妙的教育效果，可以让一个孩子发生巨大的变化。

在美国有这样一个孩子，他很少得到父母的赞美和夸奖，无论他做得有多好，父母都没有一句赞美的话语。久而久之，他不再有好的表现，而是总做出一些令父母头疼的事情。他不愿意和父母在一起，甚至有些讨厌自己的父母，时常故意和父母作对。所以，这个孩子成了所有人眼中的坏孩子。

后来，这个孩子的母亲去世了，爸爸又给他找了一个继母。当爸爸给继母介绍孩子们的时候，说了这样的话："这个孩子是我几个儿子中最坏的一个。"听了爸爸的话，孩子感到非常吃惊，也非常伤心。他不明白爸爸为什么这样说自己，尽管自己有些顽皮、叛逆，但是并没有做什么太出格的事情啊！他心里想，继母肯定对自己产生了反感，以后自己的日子不好过了。

可是，继母却把手放在他的肩膀上，温柔地看着他，说道："我并不这么认为，我看得出来，他是一个聪明的孩子，而且是他们之中最聪明伶俐的一个。作为父母，我们应该把他所有的优秀品质激发出来。"一瞬间，孩子感觉到了温暖，甚至是在母亲身上都没有感觉到的温暖。

之后，继母总是时常赞美和表扬这个孩子，即便是一个小优点、小进步，继母也能及时给予肯定。而在继母的赞美下，孩子逐渐改变了过去的顽劣行为，成就了不凡的事业。

他就是美国成功学的创始人——拿破仑·希尔。在成功之后，他曾经说过："继母的赞扬，就是我一辈子奋斗的动力！"

拿破仑·希尔是幸运的，因为他遇到了温柔善良的继母，继母把赞扬孩子当成了生活的一部分，而这就是拿破仑·希尔走上成功之路的关键。事实上，这也是很多父母在教育孩子的过程中应该学习的技巧和秘诀。

然而，绝大多数的中国父母却做不到这一点，他们对自己的孩子期望很高，但是却又吝啬赞扬和夸奖自己的孩子。他们时常摆出一副严厉的面孔，只要发现孩子的缺点，就会毫不留情地指出来。即便孩子非常优秀，他们也不愿意把赞美的话说出口，因为他们认为赞美会让孩子产生骄傲的情绪，会阻碍孩子的进步。

这是多么可笑的想法！孩子做出了成绩，父母不能及时给予赞美；而孩子做错了事情，父母却立马责备批评。这样一来，孩子怎么可能有努力做好的热情和信心？

不要吝啬对孩子的赞美，把赞美当作一种行为习惯，这才是合格的父母应该做的。当然，赞美也并不是不讲究技巧的，这里面有很多父母需要掌握的学问。赞美应该是及时的，当看到孩子有了成绩后，父母应该立即赞美，不要拖延；赞美应该是当众进行的，孩子在众人面前得到赞美，其教育效果将更好。

更重要的是，赞美不应该太过于宽泛，而是应该就事论事，否则就会给孩子播下虚荣和骄傲的种子。

作为父母，孩子最需要哪些赞美，你真的知道吗？

第一，赞美孩子的好品质。当孩子表现出诚实、勇敢、善良等优良品质的时候，父母就应该及时给予孩子赞美和夸奖。例如，当孩子善待小动物、爱护小动物的时候，父母可以对孩子说："宝贝儿，你真有爱心！真是个好孩子！"

第二，赞美孩子表现好的地方。父母应该多注意孩子表现好的地方，如懂得尊重别人等。

第三，赞美孩子所做的努力。父母要对孩子所做的努力给予赞美，不论其结果是成功还是失败。

第四，当孩子学习到新东西的时候，父母要及时给予赞美，这样可以激起孩子不断学习的欲望。

第五，当孩子取得进步的时候，父母应该对孩子进行赞美。哪怕孩子的进步只是一点点，父母也应该及时给予赞美，这样才能提高孩子的热情。

第六，赞美孩子对家庭的贡献。孩子是家庭的一分子，他们有自身的价值，父母应该感谢和赞扬孩子是家庭的一分子，带给父母幸福和快乐。父母不妨对孩子说："我真高兴有你这样的孩子！"

第七，赞美孩子对自己的帮助。当孩子帮助父母做一些事情的时候，父母要及时给予赞美，对孩子说："真高兴有你的帮助！""你真是个好帮手！"

第八，肯定和赞美孩子的想法。每个孩子都有自己的想法，当自己的想法得到父母的支持和赞美的时候，他们的自信心自然就会增强，积极性自然就会提升。

第九，赞美孩子的朋友。朋友对孩子来说是非常重要的，父母肯定和赞美他的朋友，就意味着肯定和赞美孩子。所以，当孩子的朋友做出好事的时候，父母应该给予赞美，让孩子知道父母肯定他的小伙伴。

赞美孩子是父母的责任和义务。当你把赞美当成一种习惯的时候，你就能感觉到，孩子越来越优秀，与自己的关系也越来越亲密！

三、你将来会成功的，好好努力吧

著名教育学者卡耐基说过，来自父母的赞美和鼓励是使孩子发挥最大潜能的方法。同一个孩子，如果父母时常用积极正面的语言来激励他，用"你将来会成功的，好好努力吧""孩子，你很棒""我很欣赏你在××方面的才能"这样的话来暗示他，那么孩子的自信心就会逐渐增强，最终获得成功。

可是，如果父母时常强调孩子做错的事情或是说错的话，看到的只是孩子的缺点和不足，那么孩子只会越来越差。不少父母把教育的重点放在批评和否定孩子之上，即便是看到孩子的进步和努力也无动于衷，认为那些是孩子应该做到的，根本不值得夸奖。甚至有些父母过早地给孩子盖棺论定，认为孩子本来就是愚笨的，即便再努力也无法取得好的成绩，即便再夸奖和赞美也改变不了现状。

作为父母，你是不是也有这样的想法：发现自己的孩子不如别人，便时常埋怨和指责；发现孩子成绩下降，便立即批评甚至打骂；发现孩子始终无法取得好成绩，便选择了放弃，让孩子"破罐子破摔"。如果你真的这样做了，那么我就只能为你的孩子感到悲哀了。

事实上，激励的语言对每个人都可以起到很大的作用，它不仅可以增强人们的信心，更可以激发潜在的能力。每个孩子都有很多潜力，并不是一生都注定是"差劲"的，如果父母时常用积极的语言激励孩子，暗示孩子"你很棒""只要你肯努力再努力，将来就会获得成功"，那么孩子的自信心就会增强，认为自己可以成功。

有一个表现非常差的孩子，他的成绩也非常差，每次考试都是倒数几名，老师和父母都觉得他没有任何希望了。而他也对自己毫无信心，觉得自己天生就是一个笨蛋。

有一天，有一位名叫罗思帕的著名学者带着几个助手来学校做试验。他们只是随便地问了孩子几个问题，包括叫什么名字、家住在哪里、父母的职业是什么、将来想要干什么……接下来，罗思帕选择了五个孩子作为研究对象，其中就包括这个表现不太好的孩子。而和他一样，其他四个孩子的成绩也不太好。孩子们感到非常奇怪，为什么学者会选择自己呢？为什么不选择那些优秀的同学呢？但是，他们暂时没有获得答案。

当孩子们见到罗思帕的时候，他只是亲切地和他们说了一句话："我仔细研究过你们的家庭情况和学习情况，我认为你们五个人将来会成大器的。孩子们，好好努力吧！"听了罗思帕的话，孩子们有些不敢相信自己的耳朵，可是看到罗思帕真诚和肯定的眼神，他们觉得罗思帕的话是真的。

在之后的时间里，这个孩子始终用罗思帕的话激励自己："罗思帕说我会成大器的，我一定要努力学习！"果然，他的成绩很快就有了进步，从倒数上升到中等水平。过了半年的时间，他竟然名列前茅。而和这个孩子一起参与试验的同学的成绩上升的速度也非常快。

转眼十几年过去了，这个孩子考上了一所一流的大学，并且获得了数学博士学位。当他再次见到罗思帕的时候，罗思帕才对他说："孩子，那次试验直到现在才结束，它的题目是'语言的激励作用对人的影响'。我对你们五人进行了十几年的跟踪调查，结果大获成功。"

其实，罗思帕当初选择这五个孩子的时候，只是从花名册上随便勾出他们的人名。结果证明，激励的语言不仅可以帮助孩子树立信心，还可以激发孩子的潜力，因为人类经常会被自己心中的信念所引导，小孩也不例外。

孩子是自卑还是自信，是成功还是失败，很大程度上取决于父母给了他怎样的评价。多一些激励和赞扬，多一些积极的暗示，孩子自然就会认为"我能行"，从而走向成功。而如果平时获得的批评和否定比较多，总是得到消极的暗示，那么孩子就只能停留在原地，甚至会越来越糟糕。

正如心理学家所说的："人的意识和潜意识就好比一块沃土，自我暗示就是播撒种子的控制媒介，给予它积极的心理暗示，它就会自动地把成功的种子灌输到潜意识的土壤里；相反，灌输消极的种子，这块沃土最终必将杂草丛生，一片荒芜。"

作为父母，想要孩子越来越优秀，发挥最大的潜能，就多给孩子一些积极的暗示和正面的激励吧！

四、温柔的鼓励远远胜于严厉的苛责

"熊孩子"不听话，很多父母时常会控制不住自己的怒气，想要给他点"颜色"看看。而父母能够想到的办法，无非就是责骂孩子一番，甚至是痛打孩子一顿。可实际上，这样的苛责可能根本无法让孩子听话，也树立不了家长的威信。

因为一味地苛责和批评孩子，只能让他们感到挫败、无助甚至是绝望。相反，给孩子一点"糖"，换一种心态和方法来鼓励孩子，告诉孩子"你可以做得更好""妈妈相信你能够做得更好"，或许就可以轻轻松松地搞定孩子，让他对父母服服帖帖。

要知道，孩子的可塑性是最强的，特别是来自父母的评价和态度直接决定了孩子的心态和行为。如果父母给孩子一点阳光，那么孩子的生活就会灿烂无比；如果父母给孩子的是乌云，那么孩子的生活也就变得阴暗起来。

没有谁不喜欢被别人肯定的感觉，心灵单纯的孩子更需要父母的鼓励和赞赏。多给孩子温柔的鼓励，少一些严厉的苛责吧！即便是一个肯定的微笑，一个鼓励的眼神，也能让孩子变得越来越棒！

李峰是一个叛逆、不听话的孩子，虽然已经十几岁了，可依然非常顽皮。尽管每天妈妈都嘱咐他整理房间，但是他总是把妈妈的话当耳旁风，有时还好像故意和妈妈作对似的，把房间搞得乱七八糟。

一天，妈妈的大学同学来家里做客，妈妈严厉地对李峰说："今天家里有客人来，你必须把房间打扫干净，不许给我丢人，否则我不会轻饶你！"可等妈妈把同学带回家时，却看到李峰的房间依然是乱糟糟的，甚至连客厅都是乱七八糟的，果皮、零食袋摆满了茶几，书本、杂志也堆满了沙发，而李峰则靠在沙发上看电视。

妈妈感到非常尴尬，刚要发脾气，同学就拦住了她，说道："男孩子嘛，都有些随心所欲。没有关系，我们又不是外人！"这时候，妈妈看到同学在场，只能作罢。

聊天的时候，妈妈向同学抱怨说："这孩子真是太不听话了！我不知道批评和责骂他多少次了，可是他就是不长记性！每次刚刚收拾好的房间，一会儿就让他弄得又脏又乱。""看见他我就生气，你说他是不是故意和我作对?"

同学听了李峰妈妈的抱怨，笑着说："你这算是说对了。孩子都有叛逆心理，你越是批评和苛责他，他就越不听话，越和父母对着干。孩子都是'顺毛驴'，吃软不吃硬的。你不妨换一种方式来教育孩子，如表扬他、鼓励他，情况肯定会有所改善。"

李峰妈妈觉得同学的话有些道理，于是决定改变自己的教育方式。第二天，当她做完早饭去叫李峰吃饭的时候，笑着对他说："不错，今天我们家峰峰有进步啊! 把被子叠起来了，房间也比平时干净多了。不错，继续努力!"从那以后，妈妈很少苛责李峰，而是不断地鼓励他、夸奖他。结果证明，这个办法还真有效，李峰和以前判若两人，不仅房间越来越整洁，连一些坏习惯也都改掉了。

温柔的鼓励和赞扬，远远胜于严厉的苛责。如果不是同学的提醒，李峰妈妈可能还会像以前那样苛责自己的孩子，而孩子也可能一直保持邋遢的形象，还可能变得越来越叛逆。

正如一位教育心理学家所说的："习惯性地苛责孩子肯定达不到想要的效果。因为一个在妈妈的苛责中成长的孩子，会潜意识地认为无论做什么都得不到妈妈的认可，长此下去，孩子就会失去进步的愿望，变得消极而怪僻。而如果父母鼓励孩子始终以积极的心态去面对学习和生活，那么孩子所取得的成绩将会是不可估量的。"

因此，父母要时常给予孩子肯定和鼓励，有进步就奖励，有成绩就表扬，即便是孩子表现得不好，父母也应该看到孩子的优点并且给予肯定。这样一来，孩子的自尊心和自信心才会增强，而且还能养成良好的生活和学习习惯。要知道，这些都将伴随孩子的一生，而且要比好的学习成绩重要得多。

五、微笑是给孩子最大的激励

很多父母非常爱自己的孩子，但在他们的意识里，觉得自己越严厉，对孩子越有好处；自己越严厉，孩子就越听话。他们不允许孩子和自己顶嘴，不允许孩子反驳自己的意见，甚至不允许孩子和自己玩笑打闹。

可是，这么做真的对孩子的成长有益处吗？真的对孩子的教育有效吗？

回答这个问题之前，我们不妨看看这两类父母：

一类父母总是端着家长的架子，一脸严肃地面对孩子，从来不对孩子微笑，更不会温和地和孩子说话。没错，这些父母确实做到了让孩子怕自己，但是却也让孩子和自己疏远了。用这样的方式教育出来的孩子，往往容易出现两个极端，一种情况是孩子胆小怕事、自卑懦弱；另一种情况就是，孩子表面上害怕，心里却并不服气，产生强烈的逆反心理。

而第二类父母始终采用温和的方式和孩子沟通，微笑着面对孩子。在这个过程中，孩子自然感受到了父母的爱和鼓励，感受到了父母对自己的欣赏和肯定，从而愿意和父母越来越亲密。而父母则把教育孩子看作快乐的事情，从中体验到幸福。

如果是你，你会选择哪一种教育方式呢？

不幸的是，在现实生活中，很多父母选择了第一种教育方式，而这也是一种错误的教育方式。这样的教育方式不仅不能让孩子听话，反而还会给孩子的心理造成严重的伤害。

一个 15 岁的男孩曾经给自己的父母写过一封信，信中讲述了自己的困惑和不解：

"我知道爸爸妈妈很爱我，总是给我买最好的玩具，给我做我最爱吃的食物。可是，我不知道为什么你们总是板着面孔，不愿意对我微笑。

"当我犯错的时候，你们总是严厉地批评我，有时候甚至还打骂我；当我做出成绩的时候，你们好像也没有表现出高兴的神情，只是冷冷地说：'这次表现不错，下次继续努力，争取更好的成绩。'

"我以为只要我比上次表现得好了，获得了更好的成绩，你们就会开心地对我笑，就会给我一个大大的拥抱。所以，我拼命地努力，想要做得更好。但是，我却失望了，不管我做得多好，你们都没有对我微笑。

"为什么？难道你们不爱我吗？难道我做得不好吗？"

其实，这个男孩的疑问也是我们的疑问。我们相信他的父母是爱他的，可是为什么就非要用严厉的姿态来面对自己的孩子呢？为什么就不能对孩子微笑呢？

可以说，微笑是一种神秘的力量。如果说，有一种力量可以拉近人与人之间的距离，那就是微笑；如果有一种力量可以让人充满自信，那就是微笑；如果有一种力量可以让人心头一暖，那也是微笑。微笑，只是一个简单的动作，却是传达感情最直接的方式。而对于孩子来说，父母的微笑就是暖暖的力量，让孩子感觉到父母对自己的在乎、关心、安慰以及激励。

事实上，当孩子逐渐有自主意识之后，他自然就会产生自己的想法，对父母的话语和态度产生不同的反应。一个微笑可以消除孩子的负面情绪，给予孩子足够的安慰和信心，更可以消除亲子之间的争执、冲突以及矛盾。一个微笑就可以让孩子消除叛逆情绪，心甘情愿地接受父母的意见。

很多家长可能会有这样的体会：如果自己情绪低落，或是工作没有做好，别人给你的不是训斥、埋怨和数落，而是给你一个安慰的微笑，同时还不断夸奖你的长处，肯定你的努力，你会有怎样的感觉？相信，你一定会感到一种暖意在血液中流淌，重新燃起再次尝试的信心。成人尚且如此，何况是更需要关心和肯定的孩子呢？

当孩子做出成绩的时候，给孩子一个赞扬的微笑，和孩子说："你做得非常棒，爸爸妈妈为你感到骄傲。"这样的赞扬要比物质奖励更能激励孩子；当孩子犯些小错的时候，不妨给孩子一个宽容的微笑，然后告诉孩子他错在哪里，这样的行为要比严厉地制止更能改正孩子的不良行为；当孩子遇到挫折的时候，给孩子一个鼓励的微笑，让他明白挫折不可怕，他还有父母的爱，这样，孩子才能走出挫折，重新恢复良好的状态……

所以，父母们，如果你们爱自己的孩子，想要孩子更听话，那么就学会微笑，以微笑的表情面对孩子吧！

六、赏识孩子，这就是他成长的阳光

父母们，如果请你们在 1 分钟内列出孩子的 10 个优点，你能做到吗？

很多父母时常是搜肠刮肚考虑很久，才能说出孩子的几个优点，如果真是这样，那只能说你是不合格的父母了。

事实上，在日常生活中，从很多细节和小事中都可以发现孩子的优点。如孩子做事很认真，只要是父母交给他的任务，他都可以认真地完成；孩子很勇敢坚强，即便是受了伤也不哭鼻子；孩子非常关心自己的父母，在妈妈累的时候，主动给妈妈揉揉肩、捏捏背……只要父母肯认真地观察，以赏识的眼光来看待自己的孩子，一定可以发现孩子身上的优点。

虽然这些只是生活的细枝末节，但是却凸显了孩子身上宝贵的品质。当父母发现孩子的这些优点，并且把这些优点说给他们听的时候，孩子的内心就会滋生出一种被肯定和被赏识的自豪感。而这种赏识就是他们不断进步的动力，让他们坚信自己做得真的很不错。

然而，绝大多数的中国父母总是一副"恨铁不成钢"的样子，希望自己的孩子比别人做得更好，一旦孩子犯了错误，父母就抱怨孩子"怎么这么不听话""为什么总是犯错误，长大了怎么可能有出息"。

　　父母时常敲打自己的孩子，目的就是让孩子有前进的动力，让孩子能够做得越来越好。可是，在孩子的世界中，如果只有批评和否定，没有肯定和赏识，那么孩子就会失去信心，变得越来越自卑。父母应该换个角度想想，对于那些表现不好、毛病较多的孩子，父母更应该给予肯定和赏识，用欣赏的言语去激励他们。

　　当然，赏识孩子并不是溺爱孩子，也不是纵容孩子犯错。我们不能否认，孩子犯了错，父母应该多敲打敲打，应该给予适当的批评，这有利于孩子改正错误，不断地改进和完善自我。但是，赏识才是孩子不断进步的动力，是孩子成长过程中的阳光。对于孩子来说，他们最强烈的需求就是得到别人的肯定和赏识。所以，有教育学家提出了这样的观点："赏识是孩子生命成长的阳光，是他们进步的最大动力！"

　　西方国家的父母就懂得这个道理，当孩子和父母说："爸爸妈妈，老师今天表扬了我唱歌好听！"这时候，父母通常会给孩子一个大大的拥抱，对孩子说："天哪，这真的令人高兴！我就知道我的孩子是最棒的，有唱歌的天赋！"

　　但是我们的父母却很少做出这样的举动，他们通常会不以为然地说："这有什么值得高兴的？这是你应该做的！"有些父母甚至可能会质疑孩子的话，给孩子大大的打击："老师怎么可能夸奖你？你唱歌就像鸭子叫一样难听。"结果，孩子的自信心和积极性一下子就受到严重打击，像泄了气的皮球，从此不再愿意唱歌，更不愿意表现自己。

我曾经看到这样一个情形：

一个小女孩画画很不错，当她双手捧着自己的"杰作"得意地让妈妈欣赏的时候，妈妈却不耐烦地说："你这画的是什么啊！我不是让你画蓝天、绿草、白云吗？为什么你的云是蓝色的？这个黑乎乎的东西又是什么？"

小女孩听着妈妈的话，低着头，流着泪，一句话也不敢说。其实，小孩子的世界和大人的完全不一样，因为他们有丰富的想象力，所以可以把白云想象成彩色的，把树木想象成各种各样的。很明显，小女孩的画充分发挥了自己的想象力，但是却被妈妈贬得一文不值。可以想象孩子受到的伤害有多大，或许她以后再也没有画画的信心和兴趣了。

所以说，作为父母，我们应该学会赏识自己的孩子，让他在父母的欣赏和赞扬中继续发扬优点和长处，让他在父母的鼓励和肯定中改正自己的缺点和不足。哪怕自己的孩子身上有很多缺点，哪怕自己的孩子时常犯错，父母也应该看到并赏识孩子的优点和长处。

对于孩子来说，赏识没有最多，只有更多。也许孩子还没有发现自己的优势，但是他却可以从父母的评价和态度中获得对自己的认识，一旦他从父母的话语和眼神中看到了赏识，那么他就会对自己充满信心，可以做到最好。

第六章

先接纳孩子的情绪，事情不管对错总有原因

即使是成年人，也没有人能做到百分之百控制情绪，更何况是孩子。所以，当孩子有情绪时，不管是好的还是坏的，父母首先要接纳孩子的情绪，理解他们的小脾气，倾听他们的喜怒哀乐，再想办法排解孩子的负面情绪。

一、先接纳孩子的情绪，再想办法改变

经常有父母抱怨说："孩子的脾气越来越大了，想哭就哭，想闹就闹，简直没法儿管了！"其实，这是孩子在发泄自己的情绪。不管是谁，都有情绪不好的时候，孩子也不例外。因此，作为父母，学会接纳孩子的不良情绪是很重要的一课。

令人感到惋惜的是，绝大多数的父母并没有学好这一课。我经常看到有的父母为了纠正孩子的坏脾气，常常在孩子发泄情绪的时候强行打断，甚至以"武力"对待，这是非常不可取的。

雷雷最喜欢的一个玩具汽车坏了，他心里非常难过。这时，爷爷过来安慰他："雷雷不哭了，明天爷爷给你买个新的，好不好？"

雷雷哭得更放肆了："我才不要你买！我就要原来的这个！"

雷雷妈妈听了之后非常生气，对雷雷吼道："你怎么这么不可理喻，爷爷给你买是好心！你怎么能这么跟爷爷说话呢！快跟爷爷道歉！"

听完妈妈的话，雷雷哭得撕心裂肺。雷雷之后的哭，不是因为最喜欢的玩具汽车坏了，而是因为妈妈拒绝了解他的内心，对他难过的心情不予体会。

婷婷爸爸带着婷婷在公园里玩，婷婷不小心摔跤了，爸爸赶忙跑过去把婷婷抱起来，连连安慰："不疼，不哭，你是个坚强的小姑娘。"没想到，婷婷非常生气，大声朝爸爸吼道："摔跤的又不是你，你怎么知道我不疼！"

爸爸被婷婷突如其来的情绪吓到了，心想这个孩子现在怎么变得这么不讲道理，我关心她，她还来劲了！于是爸爸狠狠地教训了婷婷一顿："疼有什么好怕的，摔一跤又怎么了，你看看哪个小朋友不摔跤的？"不料，婷婷越来越生气，对爸爸吼的声音也越来越大了。从孩子撕裂的吼声中，爸爸明白了，女儿已经不是因为摔疼了而生气，而是因为她的情绪没有被自己重视。

上面两个案例都是父母没有处理好孩子情绪发泄的表现。对于孩子的情绪反应，不管是悲伤、委屈还是愤怒，父母都应该理解和重视，而不是第一时间就否认。我明白父母这样做是怕孩子"蹬鼻子上脸"，但其实，接纳孩子的不良情绪并不是赞同孩子的做法。接纳是为了更好地引导孩子合理处理自己的情绪——先接纳，再想办法改变。也就是说，先顺着孩子的意思，让孩子把情绪发泄出来，把内心的想法表达出来，然后想办法安慰孩子、教育孩子。父母接纳了孩子的情绪，孩子就会信任父母，从而愿意听取父母的建议或看法。

那么，接纳孩子的情绪有什么小妙招儿吗？下面的方法，父母们不妨试试看。

首先，多用"是吗""嗯""我明白了"等语气词表示接纳孩子的情绪。不要小看这些简单的语气词，它们可以让孩子的心情迅速平静下来，并且让家长获得孩子的信任，孩子就会自然而然地说出自己的想法。

孩子放学回家，刚进门就说："今天的作业好多啊，要写死我，简直不想上学了！"擅长接纳孩子情绪的父母会说："真的吗？那你先休息一会儿，吃完饭再写也不迟。"而不懂得接纳孩子情绪的父母会说："我还从来没听说过哪个孩子写作业写死了，就你这样子，以后能有什么出息！不要偷懒，赶快写作业去！"

孩子担心考试成绩不理想，情绪有些急躁，聪明的父母会说："哦，我明白了。爸爸上学的时候参加考试，总是想着考完就能放假了，然后就很放松，就不紧张了。"但是有的父母却说："平时不好好学习，现在教训来了吧！"

如果你是孩子，你希望自己的父母如何对待自己呢？答案不言而喻。

其次，用和孩子相同的感受回应，如喜悦、愤怒、委屈等。孩子参加比赛获奖了，心里格外开心，懂得理解的父母会说："好孩子你真棒，爸爸妈妈就知道你一定能做到的！我说吧，只要努力就能成功，爸爸妈妈觉得你下次一定能取得更好的成绩！"而有的父母却说："你要谦虚一点，这么点成绩就骄傲了，以后能有什么出息！"相比之下，我想第一种家庭里教育出来的孩子一定会越来越优秀。

然后，借助"想象法"化解孩子的烦闷和担忧。孩子吃西瓜的时候，把西瓜子也吞进去了，赶忙向爸爸妈妈求助，妈妈说："哎呀，谁吃了西瓜子就会在肚子里长出来大西瓜，你赶快去喝口水就不会了。"而有的家长却说："你怎么不知道吐西瓜子呢？笨死了，就知道哭！"孩子不小心打翻了水杯，把地上弄得到处都是水，心里非常害怕会被妈妈骂。懂得理解的妈妈会说："没关系的，不信你吹口仙气，马上就恢复原状了。"孩子紧张的心情立马就烟消云散了。

通过以上三个方法，父母可以很好地理解和接纳孩子的情绪，还能快速化解孩子的不良情绪，让孩子从愤怒、担心、委屈等不良情绪中迅速解脱出来。实际上，接纳孩子的情绪反应，生搬硬套上面的方法是没用的，而是需要根据实际情况灵活变通，在必要的时候，我们要对孩子提出要求，防止他们今后再犯同样的错误。

孩子在学校因为和老师顶嘴而被老师批评，父母可以这样教育孩子："我知道你是个懂事的孩子，有自己的想法，喜欢独立思考。"这是在接纳孩子的情绪。然后对孩子说："但是，当我知道你在学校和老师顶嘴时，我非常失望。老师批评你是因为关心你，想帮助你，并不是针对你，对吗？你这样对老师，老师会开心吗？我会开心吗？"这是在表达自己的感受和看法，让孩子接受。最后可以对孩子说："下次老师批评你时，你心平气和地和老师说，好吗？"这是在对孩子提出期望，让他下次不再犯同样的错误。

当孩子因为情绪不稳定而做错事情时，善于教育孩子的父母会先表扬孩子："你已经做得很好了。"或者"妈妈看得出来，你尽力了，这就行了。"这些话足以让孩子的情绪稳定下来，拉近父母和孩子之间的距离。此时父母再委婉地告诉孩子失败的原因，最后多鼓励孩子，告诉他"只要你沉着冷静一点，下次一定会更好"。这样，孩子的负面情绪马上就会消失，并且会把父母的教诲牢牢地记在心里，以后面对事情时一定会沉着冷静。

二、理解孩子的小脾气

婴儿时代的孩子常常会用哭的方式来表达自己的痛苦。由于孩子还不会表达，父母总会耐心地寻找原因，直到他们不哭不闹为止。这时候，父母总觉得孩子的脾气不可捉摸是理所当然的，并且认为，当孩子学会表达以后，情况就会好多了。可是父母却惊讶地发现，即使孩子长大了，有时候他们的脾气还是不可捉摸。而且一旦小脾气得不到理解，孩子就开始和父母唱反调，这个时候父母可能会疑惑：孩子为什么越大就越不听话了呢？

其实，孩子并不是越大越不听话，而是他们长大了，有了自我意识。当他们的情绪被父母否定之后，自然会表现得不高兴，觉得父母不理解他们。因此，聪明的家长如果希望孩子长大之后依然是听话的好孩子，就要学会尊重孩子的自我意识，尊重他们的情绪，理解他们的小脾气。

珍珍对妈妈说："我不要去看医生，打针会很痛。"

妈妈说："我知道，你很怕打针吗?"

"嗯，我不想打针。"珍珍认真地说。

"妈妈知道打针会很痛，妈妈小的时候也这样认为。你不用怕，妈妈在旁边一直陪着你好吗?"

最终，在妈妈的耐心指引下，珍珍决定去看医生了。

和成人不同，孩子的情绪往往会敏感得多。因此，有时候认同孩子的情绪，是促使孩子乐于与父母合作的重要因素。

很多父母在发现孩子遇到问题或困难的时候，往往会迫不及待地扮演"救世英雄"的角色，告诉孩子应该怎样解决。但是，让父母不理解的是，面对父母的好意指点，很多孩子不但不领情，反而会大发雷霆。

一天放学后，玲玲跑回家哭着说道："妈妈，体育老师不让我进入学校的体操队。"

"老师为什么不让你去呢?"

"她说我的协调性不好。呜呜……"玲玲看上去难过极了。

"老师怎么可以这样说? 我现在就打电话过去问问。"妈妈要为玲玲摆平这件事。

但是令妈妈吃惊的是，玲玲并不领情，她哭着对妈妈说："臭妈妈，我不理你了。"说完就跑进了自己的房间。

玲玲的这种反应把妈妈吓了一跳，妈妈最后也没有给学校打电话。后来，玲玲向妈妈道出了自己的想法："其实我只是想发泄一下。"

看吧，这就是孩子的怪脾气，他们又哭又闹，看上去无比委屈，但是他们并不想解决这个问题，只是为了博得爸爸妈妈的理解和同情，只是想得到安慰。在不了解孩子情绪的状况下，父母的任何帮助可能都不是孩子想要的。孩子需要的，可能就是父母的一个认可的眼神、一个关爱的动作，只要做到这些，就能够让孩子摆脱坏情绪的困扰。

父母在了解了这一点之后，就可以在与孩子沟通的时候多聆听，少提建议。在孩子发泄坏情绪的时候，先明确孩子是希望父母帮他们解决问题，还是只想向父母倾诉。明白了孩子的心理需求，就能够减少不必要的冲突了。

如果孩子觉得自己的情绪没有得到父母的肯定，就会认为这是父母对他们的不尊重，他们会因此更加伤心难过，并且情绪变得更糟糕，甚至会苦恼、摔门、大发脾气。所以，当孩子向家长表达自己的情感，尤其是负面情感的时候，父母与其给孩子提供解决方法，不如接受其情绪，并对其遭遇表示同情。

女儿哭着对妈妈说："妈妈，我的小乌龟死了。"

"没事，回头妈妈再给你买一只。"

"我只想要这只小乌龟，我就喜欢它。"

听到女儿这样讲，妈妈不耐烦地说道："你这个孩子怎么这么任性呢？不就是一只小乌龟吗，再给你买一只不就行了吗？"

女儿听到妈妈这样讲，气不打一处来："你快别说了，烦死了。"

"你怎么这么大脾气……"

小女孩为什么会听不进去妈妈说的话呢？正是因为父母不认同她的情感，才使她的情绪被激化。其实同样的事情，如果父母换个说法，效果就会大不一样。

女儿哭着对妈妈说："妈妈，我的小乌龟死了。"

妈妈同情地对她说："难怪你这样伤心。"

"它是我最好的朋友。"

"失去朋友是件很难过的事，妈妈理解你的感受。"

"我每天都喂它吃东西，还给它水喝。"

"是啊，你很用心照顾自己的朋友，但要能问问兽医就好了。"

女儿恍然大悟，不再哭了，她认真地对妈妈说："妈妈，你再买一只小乌龟给我吧。"

父母总觉得孩子的小脾气是莫名其妙的，似乎永远都不可捉摸。其实恰恰相反，孩子发脾气的原因都是很简单的，多数时候都是父母不理解孩子，才导致孩子发脾气。如果父母试着去体会孩子的感受，多多理解他们，就会发现，孩子其实还是那个听话的孩子。

三、想纠错，先转化孩子的负面情绪

孩子做错事时一般都会受到批评。例如，孩子在学校扰乱了课堂秩序会受到老师的批评，与同学打架会遭到同学家长的控告等。受到了批评的孩子，内心会产生更为强烈的情绪波动，他会把火气撒到家人的身上，说话时大喊大叫，扔书包、踢东西、摔门是他们经常采用的宣泄方式。

当孩子处在强烈的情绪中时，是听不进去任何意见的，对于父母的批评更是会厌烦。如果孩子情绪如此冲动时，父母自己先发脾气，对孩子大吼大叫，情况就会变得更糟。最后的结果只能是大人叫、孩子哭，其"惨状"使人目不忍睹。

在孩子处于如此恶劣的情绪状况时，怎样才能使他平静下来，正视自己的问题呢？这就需要父母以静制动，首先弄清楚事情的起由始末，理解孩子的心理需要，"按病开方"才能很好地解决问题。

在外面犯错又受到批评的孩子，整个心都被负面情绪填满，这时他希望父母能明白自己的心情有多么糟糕，希望不用完全说出自己的遭遇，父母就能够理解——他的坏情绪表现出一个苗头，父母就能猜出剩下的部分。

但是，十分可悲又可怜的是，父母完全不知道孩子在这种时候的需要，因此也不能正确地安抚孩子激烈的情绪，反而被孩子弄得怒火中烧，一派乱象就出现在家庭中了。

　　妈妈下班刚回到家，还没来得及脱掉鞋子，正在读初中二年级的儿子瑞斯就从书房中冲出来大声地嚷嚷："语文老师布置的作业太多了，我怎么可能在明天上学之前写完这篇议论文呢？昨天留的一篇记叙文，我今天早晨没交，她就把我叫到教研室狠狠地批评了一顿，我恨死她了。"

　　妈妈听了瑞斯的话立刻失去了冷静，冲他喊道："我的上司和你的老师一样可恶，但是你听到我抱怨了吗？怪不得老师对你发狠，你从来不能按时完成家庭作业。你就是懒，别再抱怨了，赶紧做作业去。"

　　听了妈妈的斥责，瑞斯怒气冲冲地上楼回到了自己的卧室，把门反锁上。累了一天的妈妈赶紧到厨房做晚饭，锅碗瓢勺的交响曲终于让她平息下来。做好了饭菜喊瑞斯下楼来吃饭，瑞斯就像没听见一样，一声不应。妈妈又是怒火中烧，上楼去狠敲瑞斯卧室的门，边敲边骂他不懂事，学习不努力，不听爸妈的话……瑞斯终于被骂了出来，两人又对喊了一阵子，直到瑞斯爸爸回家才停止。但是家庭气氛都被毁掉了，每个人都很烦躁，妈妈也觉得很内疚，但是不知道如何才能收场。

　　瑞斯妈妈正确的做法应该是：首先对孩子的心情表示理解，承认他在语文学习方面遇到了困难，说一句"现在的老师把学习都抓得很紧，儿子读书也不容易呀"。这样顺着孩子的心情说一句，他的情绪马上就能得到缓解，然后主动地帮他找一找资料，讲解一下写议论文的要点，帮着他把作业快些完成，一切就都解决了。

　　孩子未成年，还没有养成敞开心扉和父母交谈的习惯，不知道采取适当的方法排解坏情绪。身为父母，我们应该充分理解孩子情绪下的担心和无助，针对他的情绪做出正面反应。首先理顺他心烦意乱的情绪，再帮助他解决所遇到的难题。

相反，父母如果说"你不该……""你必须……"像下达命令一样"呛"着他，不仅不能平息孩子激动的情绪，反而会使负面情绪的影响越来越大，让情况变得更加糟糕。

面对孩子的负面情绪，父母很有可能会因为受到孩子行为、言语的刺激而变得和孩子一样有着强烈的负面情绪。这时，对于孩子来说，他不仅要承受自己的负面情绪，还要承受父母的负面情绪。试想一下，孩子是不是很可怜？

所以，亲爱的父母们，在孩子做错事有负面情绪时，我们首先要保持冷静，转化孩子的负面情绪。一方面要细心观察孩子的情绪变化，对他们的情绪做出正面反应；另一方面要引导孩子释放负面情绪，找到解决问题的方法。唯有如此，才能让孩子的情绪天空晴朗起来，使孩子正确面对产生负面情绪的根源，改正自己的错误和不足之处。

四、和孩子一起分享胜利的喜悦和失意的忧伤

根据儿童心理专家的研究，掩饰愤怒、伤心等情绪会使孩子的注意力下降，甚至会严重地损害孩子的心理健康。所以，身为父母，让孩子表达自己的情绪，对孩子的身心健康非常重要。

俊俊是一个性格开朗的小男孩，但是他有个坏毛病，就是经常欺负

比他小3岁的妹妹。有一天，他的妈妈鼓励他说出"妈妈不能陪我玩，我难过极了"这句话之后，他欺负妹妹的行为在两天之内就减少了一半。这一现象让俊俊的父母感到非常吃惊，这之前他们一直都在劝说他不要欺负小妹妹，说了很多话却没有任何效果。而儿子说了这句话后，却打开了心结。

当孩子有了烦恼时，父母要注意引导孩子说出自己的烦恼，同孩子一起分享失意的忧伤，避免孩子长时间积聚烦恼，产生紧张、焦虑、绝望等负面情绪。

李超然放学回家，妈妈高兴地迎了上去，从他的肩上拿下书包后，仔细端详着儿子的脸，发现他的情绪不是很好，就关心地说："儿子，今天你看上去很不开心的样子。"

李超然随口说："没有啊。"他不想把心里的不快告诉妈妈。

妈妈想了想后问道："你刚刚当了班长，是不是觉得事情太多了？"

这句话问到了李超然的心里，他想了想说："嗯，有一点儿……其实累一点儿没什么，就是以前和我要好的朋友，他们因为我当班长了，反而不那么守纪律了。"

妈妈劝导说："他们这样做是不对的。你周末的时候组织他们去游泳馆玩一次，顺便说一下，你当班长了，他们应该支持你的工作，值日、交作业什么的要积极一点儿。"

李超然说："他们会听我的话吗？"妈妈说："会的，好儿子，凡事用心就会有所改变。"李超然听妈妈这么说，心里的不快一扫而光。

父母鼓励孩子说出自己心里的感受，一方面可以从发现孩子的情绪变化入手，另一方面可以选择从自己的感受开始谈论，不知不觉中，让孩子把压在心底的话倾诉出来。

玲玲在奶奶去世后性格发生了很大的变化。她以前活泼开朗，也很健谈，但是自从奶奶去世后，巨大的悲痛压得她喘不过气来，整天把自己关在房间里不出门。妈妈很想让她说出自己的想法，可是每次提起此事，她总是低着头流眼泪，一句话也不说。

后来妈妈向心理医生咨询怎样才能让玲玲走出奶奶去世的阴影，医生提出了几种解决失亲之痛的方式，让妈妈回家后进行尝试。此后，妈妈想办法把玲玲带到户外，她以前喜欢跟奶奶一起去公园里看猴子，妈妈认为看猴子这项活动也许能让玲玲谈起有关奶奶的话题。

妈妈带玲玲去公园看猴子之前，拿出一顶奶奶经常戴的遮阳帽戴在玲玲的头上，然后边走边谈她是在什么时候给奶奶买的这顶帽子。来到公园的猴子馆，玲玲把帽子从头上拿下来，挥舞着逗猴子。这时她对妈妈说："六一儿童节时，奶奶也拿帽子逗猴子，那天这儿的人特别多，后面有个人一推，奶奶失手把帽子掉下去了，是饲养员叔叔捡起来还给奶奶的。"

玲玲边说边回忆和奶奶在一起时的情形，妈妈借机和她谈了一家人在一起时许多的快乐时光。从这以后，玲玲经常向妈妈倾诉对奶奶的思念，还主动帮妈妈分担一些力所能及的家务，渐渐地，玲玲恢复了以前开朗健谈的性格。

　　每个人都有明显的社会属性，只有能进行广泛而深入的交流，生活才是正常有序的，心情才是轻松快乐的，这一点对于成长中的孩子也不例外。父母应该鼓励孩子及时表达愤怒、忧伤、厌恶等心理感受，并通过引导孩子说出这种感受而排解负面情绪。

　　除此以外，在孩子心里有了烦恼时，父母还要引导他们做一些心理压力释放。例如，到空旷的地方大喊一声，或者有节奏地深呼吸；也可通过感兴趣的事情冲淡烦恼，看书、找小伙伴聊天、室外运动、听音乐、洗热水澡等，都是很好的办法。

　　在孩子烦恼时，千万不要过多地约束孩子，而应该鼓励他们参加各种有益的活动，他们便会自主选择放松心情的方式。这种方法能培养孩子建立健康的人格。

五、倾听孩子的喜怒哀乐时，要饶有兴致

　　每个人都希望有一个倾诉对象，希望他能理解自己的忧虑，分享自己的快乐。如果一个人兴冲冲地要把自己的所见所闻告诉身边的朋友，对方却一副事情太多、无暇倾听的样子，那么他的自尊心就会遭受很大的打击，即使下次再有事情，也不会讲给对方听，就是有了一吐为快的冲动，也会咽下去。

　　语言能为心灵搭建通道，这一点对孩子来说也是一样的。他们有强烈的自我独立感，希望能与父母分享他的快乐，分担他的烦恼，而不是总听父母的训斥，按所谓的大道理亦步亦趋。

默默是小学三年级的学生，最近一段时间，班主任老师发现以前活泼开朗、上课抢着发言的她变得沉默寡言，下课经常一个人坐在座位上发呆，学习成绩也不如以前了。班主任老师主动与默默交谈，问她家里最近有什么变化没有，妈妈和爸爸是否经常吵架。班主任老师经过细心了解，得知了默默性格变化的原因。

以前默默每天放学回家后都会把学校发生的趣事说给爸妈听，妈妈也很爱听默默说的事情，有时还问这问那的，默默很愿意为妈妈解释。由于默默的妈妈最近工作忙，经常去外地出差，默默就跟爸爸说学校里发生的她觉得很有趣的事。但是，默默的爸爸是一个对孩子要求非常严格的人，对她的学习抓得特别紧。他觉得默默说小孩子们的那些事简直是浪费时间，每当默默兴高采烈地说话时，爸爸总是会打断她："别说闲话了！赶快去写作业。"

有一次，默默说班上的一个同学把宠物小狗带到学校里去的事，正学小狗撒欢儿的样子时，爸爸不耐烦地说："告诉你多少次了，别讲这些没用的事，你还说个没完，你再不改掉这个习惯，看我打死你！"

爸爸恶狠狠的样子把默默吓坏了，从此以后，默默回到家后就回自己的房间，在里面闷着不说话。慢慢地，默默在家里的话越来越少了，写完作业就躺在床上发呆，因为爸爸不让她出去玩，后来，她的性格就变得内向，很少说话了。

班主任老师知道了默默的情况后，主动找默默的爸爸谈了她在学校的表现，并言明父女之间的沟通非常重要，不能剥夺孩子倾诉的权利。

好在默默的爸爸是一个能听取不同意见的人，他觉得老师说得非常在理，从此他不再武断地管制默默，而是在默默向自己倾诉时，也很有兴致地倾听，与她一起高兴、伤心。

一段时间后，默默又成了一个快乐的小女孩。

父母认真听孩子讲话，并时不时地进行一些互动式的交谈，不仅能真正地了解孩子，还会让孩子释放情绪，缓解内心的压力。如果在交谈中孩子能认识到自身价值的存在，就能保持更加积极向上的良好情绪。

在所有的家庭教育方法中，面对面交谈是最亲切、最有效的交流方式。通过感受孩子的声音、表情和气息的变化，父母可以得知孩子心理上的变化，在第一时间正确了解孩子的真实想法，从而实现快速有效的沟通。

在面对面的交谈中，父母首先要运用好倾听这种交流方式。倾听是交流的高级方式，只有倾听得完整，才能做出正确的判断，对孩子说的话才能准确无误地理解。由于孩子是非常敏感的，特别在意父母与自己交谈时的表情和说话的语调，因此，父母在交谈时的态度与谈话内容同等重要，甚至比内容更重要。

父母要经常这样反思自己：对孩子说话时是否使用了居高临下的姿态？是否对孩子大声叫喊了？是否对孩子指手画脚了？有人类学家指出，在所有表达方式的影响力中，语言占7%，音调占23%，表情及肢体动作各占35%，可见肢体语言在表达方面有多么重要。从父母的动作和神态中，孩子能感觉出父母的态度和内心的真实想法。

曾创办《童话大王》月刊的著名作家郑渊洁认为，无论发生了什么事，孩子都会在第一时间告诉你，这就是合格父母的标准。如果一个孩子因为某件事情不开心，但却不愿告诉父母，那不是因为孩子不愿意说，而是不敢说。父母和孩子做朋友，给孩子一个宽松的成长环境，比什么都重要。

六、让孩子与他的情绪在一起

让孩子充分表达自己的感情，是父母送给孩子的一份最珍贵的礼物。我之所以这样认为，是因为在我的周围，有很多父母都要求孩子克制自己的情感，不让他们自然地发泄情绪。

我曾经听过一个讲座，讲座结束时，有人问台上的教育专家："在教育孩子的过程中，父母应该怎样处理孩子的情绪问题呢？"

这位专家回答："让孩子与他的情绪在一起。"也就是说，当孩子在发泄时，父母首先要肯定孩子的情绪，让孩子明白：爸爸妈妈已经注意到你的情绪了，并且，爸爸妈妈接受这样的你。

年年在学校和老师发生了争执，班主任给年年妈妈打了电话，她知道了事情的经过。儿子放学回家满脸愁容，她对儿子说："想哭就哭吧，没事儿。"

这句话像是击中了年年的内心，他"哇"的一声就哭了，妈妈安静地坐在一旁，时不时给孩子递纸巾。大概是哭累了，年年把眼泪擦干净，有些不好意思地看着妈妈。

妈妈轻轻地帮年年擦去脸上的泪痕，温柔地对他说："年年，妈妈知道你现在心里很委屈，妈妈也知道你一直很讲礼貌，不会随便跟老师起争执。发生今天的事，一定是有原因的，对吧？但是，老师指出你的缺点，是因为老师关心你，看重你，不是因为老师针对你，对你有意见。你和老师顶嘴，不管是老师还是妈妈，心里都不好受。下次再遇到这样的事情，要先稳定自己的情绪，心平气和地和老师谈谈。"

年年点点头说："我下次再也不会像今天这样了，明天我就去给老师道歉。"

孩子做错事或者遇到挫折时，父母都应该先肯定孩子，对孩子说"只要你尽力就好啦，你是最棒的"，或者"你是个懂事的孩子，爸爸妈妈为你骄傲"。先用肯定和赞美感化孩子，然后委婉地提出自己的意见和孩子的缺点，用鼓励的话语做结尾，对他表示出期望。孩子的自尊心非常强，假如家长的态度太强硬，孩子不仅不会接受，甚至还会产生逆反心理。

生活中，我经常看到许多父母在孩子情绪激动的时候，会打断孩子的情绪发泄，大多数父母会骂孩子甚至会大打出手。例如，孩子因为某件事大哭大闹，父母就会说："你不要再哭了，再哭我可让坏人来抓你了！"或者"男子汉哭鼻子羞不羞啊，男子汉怎么可以哭呢！"这些试图阻止孩子发泄情绪的话，对孩子一点帮助都没有，很容易让孩子形成内向、胆小、自卑的性格。

父母在处理孩子的情绪问题时，要多让孩子说，父母更多的是做一个倾听者。不要直接地告诉孩子对与错，而要先肯定他们的情绪。究竟如何处理好孩子的情绪问题呢？我们可以从以下几个方面入手：

首先，接受和肯定孩子的情绪。接受了孩子的情绪，就相当于接受了受情绪困扰的孩子。孩子对父母有一种天生的依赖，当孩子遭遇情绪困扰时，最先想到的就是父母，因为和父母在一起是最安全的。因此，父母要先肯定孩子的情绪，不管孩子表现的是欢喜、兴奋还是悲伤、孤独，父母都应该多关心孩子，理解、尊重孩子，而不是反对孩子发泄情绪。但是，有一点需要大家注意：父母接纳孩子的情绪，并不是完全赞同孩子的情绪，而是先接纳，然后再想办法引导改变。

其次，分享孩子的情绪，让孩子说出自己内心的想法。在分享孩子的情绪时，父母要从孩子的角度去理解他的感受和看法，然后在和孩子的交流中捕捉孩子内心的想法。因为毕竟孩子的语言组织能力较弱，没办法完整、准确地表达自己的感情，这时父母可以适当地给孩子提供一些词汇，帮助他把困扰他的感觉转换成某些情绪类别。例如，"原来是朋友误会你了啊，难怪你这么伤心"，或者"老师批评你了，你感到很尴尬很难堪，是吗？"父母这样做是为了更加清晰地了解孩子内心的想法，而孩子越能用准确的语言描述出他的情绪，就越容易掌握处理情绪的能力。

最后，帮助孩子处理事情。帮孩子处理事情，并不是帮他做，而是引导他，告诉他解决问题的方法，让他自己试着解决。但是，父母要先了解事情的来龙去脉，弄清楚事情发生的原因再做决断。

七、学会用"不要急"来安抚孩子的情绪

晓晓是个脾气急躁的小姑娘，做事总是冒冒失失的，经常帮倒忙，一不小心就会出岔子。

有一天，晓晓在楼下公园里玩，看到爷爷提着一大袋橘子走过来，晓晓赶紧跑过去帮忙。可是还没等爷爷松手，晓晓就一把抢过来，结果袋子破了，橘子掉了一地。

看着地上散落的橘子，晓晓着急地哭了出来："爷爷对不起，我是想帮忙的！"爷爷赶紧安慰晓晓："晓晓乖，没事的，以后做事的时候不要着急，慢慢来，就不会出错了，知道吗？"晓晓听话地点点头。爷爷赶紧上楼拿了一个新的袋子，把地上的橘子捡起来，递到晓晓手里，让晓晓提上楼。

孩子经常会"好心办坏事"，明明是想帮忙的，最后却帮倒忙，这时他们会感到愧疚和自责。在这种情况下，我们应该先安慰孩子，肯定他们是乐于助人的好孩子，缓和他们内心的压力，然后告诉他们应该怎么做。当孩子冷静下来时，做事就不会急躁了。

然而，事与愿违，大多数情况下，当父母遇见孩子帮倒忙时，首先是发脾气责怪孩子，这样会让孩子的心情更加沉重和委屈。我们不如换位思考一下，假如我们本来是好心的，但是却办了坏事，父母丝毫不顾及我们的内心，一味地责怪我们，我们伤不伤心？

健健今年7岁，虽然是个大孩子了，但是做事的时候总是一副急不

可耐的样子，作业的字迹也是龙飞凤舞的，班主任给健健的期末评语是："做事太急躁，希望今后面对事情能沉着冷静。"

有一天，健健在客厅玩游戏，妈妈在厨房叫健健帮忙端菜。健健一路小跑进了厨房，端起一盘菜又一路小跑地冲向餐桌，还没跑几步，只听见"哐"的一声，盘子碎了，菜洒了一地，健健也趴在地上起不来了。

看到自己辛辛苦苦炒的菜就这样浪费了，还把地板弄得脏兮兮的，妈妈就气不打一处来。她冲健健嚷道："你看看你，这么大的人了，端个菜都端不好，叫你不好好走路！"然后赶紧把健健扶起来，紧接着收拾地上的菜和盘子。

健健也没心思给妈妈帮忙了，一个人回到房间，偷偷地哭了。

在孩子的性格没有成熟之前，做事冒冒失失，出现过错，是很正常的情况。作为父母，面对孩子的这些"大作"实在是高兴不起来，因为在父母眼里，孩子连这么简单的事情都做不好，实在是让人失望。

可是，孩子毕竟是孩子，我们认为这件事很简单，在孩子眼里却并没有那么容易就能搞定。假如我们能够站在孩子的角度看问题，就能明白孩子为什么会犯错了。想让孩子改掉毛躁的缺点，养成从容不迫、不急不躁的性格，我们可以试试这样做：

首先，不要过度强调孩子做事的速度。由于孩子心智发育不成熟，做事的时候往往不能达到要求，因此，父母应该让孩子把目标放在事情的完成程度上，等孩子长大一些，再引导孩子提高速度。

　　这样的情况大家一定很熟悉吧:当孩子吃饭吃得慢吞吞的时候,父母会说:"快点吃,你在数米吗?"当孩子半天都完不成作业时,父母会说:"半个小时之内做不完,你给我小心一点!"孩子在父母的催促中变得急躁,慢慢地,他们做事情只追求速度,不追求质量。

　　因此,当我们发现孩子有急躁的苗头时,不妨安慰孩子:"别着急,一步一步来。""别慌,想好了再写。其他的事情,我们做完了再考虑。"作为家长,我们要让孩子知道,在做每一件事情之前,都要想清楚,先做完一件事,再做下一件事。

　　其次,给孩子安排一些有助于培养耐心的活动,训练孩子的动手能力。孩子年纪小,但又想帮大人做一些事情,因此常常会"心有余而力不足"。父母平时可以有意地安排一些有利于培养孩子的耐心的事情,如拍皮球、穿珠、捡豆子、扣扣子、系鞋带等,训练孩子的动手能力和注意力,使其能从容不迫地做事。

　　最后,教给孩子一些做事的基本方法和步骤。有的孩子因为不知道从何下手,所以表现出焦躁、不耐烦的情绪。父母要先安慰孩子,然后告诉孩子一些做事的基本方法和步骤,如怎样系鞋带,如何穿衣服;拼拼图时,告诉孩子方法,让孩子知道先做什么,再做什么。让孩子学会按部就班地做事,这样就不容易出错了。

第 七 章

换位思考，你好我也好

很多事情，并非真的是孩子错了，而是父母的惯性思维认为孩子错了。如果父母能懂得换位思考，站在孩子的角度想一想，把"命令"式口气转化为平心静气的劝慰，懂得每一个孩子都是一粒独一无二的种子，那么不仅能让双方的沟通顺畅无比，也能营造父母与孩子同乐的良好氛围。

一、跳出惯性思维，学会换位思考

每个人都有自己固有的思维惯性，遇到问题的时候，会自觉地调动以往的经验和积累的知识来形成解决问题的方法。当没有类似的经验或欠缺知识积累时，就会凭借主观臆断来做出对自己最有利的选择。每当处于这种状态时，人们几乎不会认真地调查分析，就以主观臆断作为行为依据，因此做错事、说错话的情况就发生了。父母在教育孩子的过程中，也经常会出现这种情况。

诚诚今年12岁了，周末时，爸爸妈妈公司有事要加班，只留他一人在家。10点时，诚诚听到有人在按门铃，他没有多想就打开了家门，眼前站着的是两个阿姨，一个挎着黑色的小包，一个手里拿着笔记本。挎包的阿姨笑容满面地说："我们是来收卫生费的，总共是 20 元。"

诚诚听了这话，就毫不犹豫地从家里的抽屉里拿出 20 元钱交给了她们。诚诚心想，等爸爸妈妈回家了，一定会表扬自己会料理家务事了。但是，出乎意料的是，晚上爸爸回来后，不但没有表扬他，还训斥了他一番："你一个人在家时，不应该给陌生人开门，如果来人是抢劫犯怎么办？"

诚诚听到爸爸的话后非常生气，心想："我为什么不能开门？你不是说晚上一个人在家时不能给陌生人开门吗？这大白天的怕什么呢？"他虽然心里是这么想的，但是看见爸爸一脸的怒气，也不敢争辩，快步躲进了自己的卧室。

诚诚的爸爸并不善罢甘休，叫他马上写出对这件事的想法。诚诚拿出纸和笔，把当时怎么想的都写了下来，在最后写了这样一句话："我能为家里做点事，心里感到十分高兴，还希望得到爸爸妈妈的表扬。"

诚诚的爸爸看完后，狠狠地把这张纸摔到了地上，说："你还在诡辩，难道你让坏人砍断了胳膊和腿，才能明白不能给陌生人开门这个道理吗？"听到爸爸再一次的训斥，诚诚心里更委屈了："是你让我写出当时的想法的，我说了真话有错吗？如果我的想法不对，你就不能心平气和地跟我讲吗？"这话诚诚不敢说出来，因为平时他和爸爸产生冲突，不等他把话说完，爸爸的拳头就向他挥了过来，在爸爸的心里，用拳脚解决问题的方法是最好的，不必多费口舌。没法与爸爸讲理的诚诚，只好违心地再次写下了自己的"想法"——实际上是一份检讨。

父母在思维惯性的驱使下，会自然而然地按照过去的经验和固有的观念行事，这必然会不够客观。

诚诚的父亲得知他开门付卫生费的行为后，首先想到的是给陌生人开门的危险，这就把了解孩子、理解孩子的路给堵死了。诚诚在辩解和说明的时候，他的爸爸认为孩子是顶嘴、自以为是，所以又出现了让儿子说违心的话的错误，可以说是错上加错。

如果诚诚的爸爸能打破自己的思维惯性，就会从儿子的角度，即从一个孩子的角度分析诚诚当时的心态、行为，然后很客观地表扬诚诚为大人分忧的这份担当，再告诉他给陌生人开门的危险，告诉诚诚以后一定要确定好对方的身份后再开门。这样不仅鼓励了孩子的积极性，也做到了防患于未然。

父母打破自身的思维惯性并不是困难的事情，只要能经常换位思考，用成人的思维去贴近孩子的思维，不仅沟通会顺畅无比，也能营造父母与孩子同乐的良好氛围。

周晓飞的妈妈是一位大学音乐教师，她性格温婉恬静，平时看电视多数时候选择音乐节目，由于不爱好体育，因此对各种赛事很少关注。与妈妈的爱好不同，周晓飞是个铁杆球迷，为了看足球赛，可以不吃饭、不睡觉。儿子看球赛时这份什么也不顾的痴迷和加油呐喊的激情，让妈妈无法理解。周晓飞常常深更半夜悄悄起来看球赛，虽然为了不吵醒爸爸妈妈，他总是把音量放到最低，但是，他克制不住发出的喝彩声，还是会吵醒爸爸妈妈。妈妈虽然没有走到客厅关掉电视，却也免不了埋怨几句。

有一天，一个念头突然从周晓飞妈妈的头脑里冒出来：能够让儿子如痴如醉的足球到底有什么吸引力呢？我怎样才能够体会到儿子在看足球时的快乐呢？有机会一定要尝试一下，多和儿子进行交流。

在随后的日子里，令周晓飞感到如同发生了奇迹的一件事是，妈妈竟然迷上了足球，每天和他抢着看报纸，准时看球赛，关心贝克汉姆，询问罗纳尔多。当周晓飞与妈妈一起从沙发上站起来，激动地给中国队加油时，他感到妈妈是如此与自己心灵相通。有妈妈与自己分享足球赛的快乐，周晓飞非常高兴。

父母是否以孩子的思维方式进行了沟通和交流，从孩子的情绪变化上就会得到检验。如果孩子兴高采烈，存在的问题得到了解决，就说明父母没有固执己见。周晓飞的妈妈就是通过改变自己，才实现了与儿子思维的完全合拍。

如果在父母表达自己的想法时，孩子明显地不听话或对抗，随后出现沉默寡言、过度顺从、选择性地健忘、转移话题、装病等各种行为，父母就要对自己的思维方式、沟通方法进行反思。事实上，如果父母能够跳出惯性思维，学会换位思考，那么你将发现，孩子身上有着你没有发现的光芒。

二、善于把"命令"转化为平心静气的劝导

每个父母都希望孩子能懂事，能健康成长。在这种心理的驱使下，父母经常会态度急切、情绪暴躁。尤其是孩子逐渐长大后，有了自己的想法，经常表现得不太听话，父母说话的语气就日趋严厉，耐心越来越少，脾气也越来越大。明明是指导性的话，一不留神就变成了严厉的指责；明明是传授一种做事的方法，却变成了不容置疑的命令，如"不准哭！""住嘴！""说不行就不行！"

父母用命令的方式和孩子说话，对孩子来说是"后果很严重"的事情：一是孩子对父母经常发出的命令不以为然，甚至产生逆反心理，就算孩子当时按父母的话做了，心里也是非常不服气。时间长了，次数多了，父母越是强制孩子做什么，孩子越是不愿意做。当这种逆反情绪积攒到一定程度的时候，就会像火山一样爆发，产生令父母始料未及的后果。二是如果父母长期命令让孩子做这做那，孩子习惯性地听从指挥，唯命是从，长大后会变得人云亦云，没有主见，甚至会养成唯唯诺诺的性格，这非常不利于孩子的个性发展。

美国学者威廉·歌德法勃说："教育孩子最重要的，是要把孩子当成与自己平等的人，给他们以无限的关爱。"无数事实表明，父母以发号施令的姿态来跟孩子说话，很难说到孩子的心里去，而说不到心里去，又何谈顺理成章地接受呢？父母转变态度，换位思考一下，控制好情绪，以亲切、关爱的口气跟孩子说话，才能让孩子心平气和地按照父

母的想法去做。

孩子尤其喜欢听好话，不喜欢听严厉和斥责的话。父母要想让孩子接受自己的意见，就要很好地运用说话的艺术。

鑫鑫在做作业时不专心，写了几个字后一抬头，看见书架上放着的机关枪玩具，他立刻跑过去拿起来玩。当他摁动开关，机关枪发出"突突突"的声音，鑫鑫高兴地喊着："嘿！嘿！哈！哈！"

这时，妈妈推门进来，生气地说："你写作业时，就不能精力集中点儿？别玩了，快点写作业。"

鑫鑫听见妈妈的斥责，怯怯地把玩具枪放回书架，重新坐到了书桌旁。鑫鑫目送妈妈走了出去，写了几个字，忽然又从书包里翻出同学借给他的迷你小警车玩了起来。就这样，鑫鑫玩一会儿，写一会儿作业，时间过去了一个多小时，作业还没写完。

妈妈第二次进来时就火了："这么点作业，一个多小时还没写完，太不像话了。你这样拖拖拉拉的，将来能考上好中学吗？没出息的货。"

鑫鑫听了妈妈这样的训斥，呜呜地哭了起来，鼻涕一把泪一把地写作业，字写得不成样子，数学题也算错了。

妈妈见鑫鑫已经被自己训蒙了头，先做了几个深呼吸，让心情放松下来。然后她拿来一个苹果和颜悦色地说："鑫鑫，先吃了苹果再写作业。"说着拿纸巾给鑫鑫擦了擦眼泪，鑫鑫接过妈妈的苹果就不哭了。这时妈妈接着说："刚才我看见外面有几个小伙伴玩老鹰抓小鸡的游戏呢，你专心写作业，越专心，写得越快。写完后，也和他们一起去玩儿。"鑫鑫听到妈妈这样说，吃了苹果后就开始集中精力写作业，很快就写完了，然后乐颠颠地出去找小朋友玩了。

孩子的时间观念比较弱，做一件事往往会花很长时间，他们自己却全然不知道这是一种拖拉的坏习惯。但是从父母的角度来看，他们无法忍受孩子花大量时间去做一件事，总是片面地认为孩子做事不用心，甚至边做边玩儿。除了给孩子提出一种激励的方法，促使孩子很快做完一件事外，还可以给孩子规定完成的时限，利用钟表上的时间来提醒他，让孩子清楚地知道做一件事需要用多长时间，掌握规律，养成好习惯。

有教育专家做过这样一个实验，根据孩子不同的家庭情况把他们分成四个组：正常组、生活条件差组（不能满足健康要求）、被父母忽视组、被父母打骂组。

经过长期观察和测试发现，后三个组里的孩子大脑中杏仁核和海马体的体积明显变小。这个结果说明，孩子早期的生活经历会对大脑产生永久的影响，因父母不讲究教育方法对孩子大脑造成的伤害是不可逆的。

当孩子没有按父母的要求做事时，父母不要动辄大发雷霆，要用商量的口气进行引导，可以编故事或者举实例讲给孩子听，启发孩子进行学习和模仿。值得注意的是，父母在教育、管理孩子时，并不是一律不可以使用"命令"，在涉及做人的原则问题时，要求孩子不折不扣地执行自己的"命令"，但事后要讲清缘由，把其中的道理用孩子能接受的语言解释透彻。

三、每个孩子都是一粒独一无二的种子

一位儿童教育学家曾说："每个孩子都是一粒种子。"随着父母的教养，这粒小小的种子会逐渐成长，最终成为参天大树。其实，对于养育孩子的父母来说，最重要的一点就是，要认识到每个孩子都是一粒独特的种子，每个孩子都有自己的特性，应该尊重孩子的差异性，这对孩子的成长至关重要。

现实生活中，很多父母都希望自己的孩子头脑聪明、思维灵活。其实，要想让孩子更有想法和创意，拥有聪明的头脑，除了日常生活中的教养外，还必须有适当的教养态度。这个重要的态度就是尊重孩子的差异性，因材施教，给不同的孩子设定不同的发展通道。

每个孩子都有自己的长处。有些孩子擅长语文，从小就爱背古诗，擅写故事；有些孩子喜欢数学，加减乘除算得很快；有些孩子偏重于艺术，未经专门学习却能挥笔作画，且画得有模有样……孩子从诞生时开始，就逐渐表现出自己的特质和优势，因此父母也应该根据孩子的特质给孩子提供不同的机会和环境，帮助孩子发挥特长。

但现实中，我们常常见到这样的情况：一些父母陷入性别、角色的刻板印象，会用自己既定的一套生硬死板的方式来教育孩子，进而导致孩子自身的创造性和优越感被扼杀，变相扼杀了孩子自身的潜力。

魏萌今年上初中了，留着短短的头发，远远看上去就像个男孩子一样，就连有些不熟悉魏萌的老师都以为魏萌是一个男孩儿。

记得魏萌刚上初中，新来的班主任点名时，点到了魏萌，因为魏萌的成绩当时是班里第一名，老师就说了一句："哈，我们班的第一名还是个小帅哥。"当时全班都笑了，就连魏萌自己也笑了，她笑着对老师说："老师，我不是帅哥，我是美女。"

天性乐观的魏萌并不认为像男孩子是一件沮丧的事情，相反，她认为这也不错，让她既可以和女生玩，又可以和男生打成一片。

可是，魏萌的妈妈却认为女孩就应该有女孩的样子，她强迫魏萌留长发，不准魏萌和班上的男同学一起玩。最让魏萌受不了的是，她的妈妈一定要给她报一个淑女班。然而，魏萌上第一节课就被女老师嘲笑，说她走错了教室，还当场以她为反例，给班里的其他女生上了一堂课。这件事给魏萌造成了严重的伤害，很长一段时间魏萌都因此沮丧不已。

慢慢地，魏萌开始变得不爱说话，爱发呆，学习成绩也直线下降。她终于开始有了女孩子的样子，可是这样的她却过得很不开心。

魏萌终于变成了一个"淑女"，可是为此付出的代价却是惨痛的。不得不说，魏萌妈妈的愿望算是达成了，可是教育却是失败的。

从一粒种子成长为大树，这个过程不仅需要"浇水施肥"，还应该因材施教地"浇水施肥"。只有用对了肥料，种子才会更加茁壮地成长，才能长成最伟岸的大树。因此只有尊重孩子的差异性，发现孩子的特质，才能养育出更加聪慧的孩子。

每个孩子都是父母独一无二的孩子，也是这个世界上独一无二的孩子。他们就像一颗小小的种子，在父母爱心的培育下长成一棵参天大树。你愿意让你的孩子成为一棵什么样的树？是一片森林里没有一点特色的树，还是这个世界上最有特色的一棵树？

四、好父母会反思：一定总是孩子错吗

佳丽和妈妈向来是"欢喜冤家"，两人的争吵从佳丽初三那年开始，到现在愈演愈烈。最近妈妈刚刚内退在家，听说高中女生容易早恋，就格外关注女儿和男同学的交往。可佳丽是学校里的文艺积极分子，总有不少男生打电话或写信找佳丽，佳丽怕妈妈知道后又要和她吵架，便什么都不跟妈妈说。妈妈只好以偷听女儿电话的方式来监督她，以防出现早恋问题。

一次吃着饭，佳丽讲起了学校里的事。她说某个男生球打得好，人也长得帅，唱歌比明星唱得还好听，还说女生都被他迷住了。妈妈听后火冒三丈，指责女儿"不好好学习，受男生干扰"。

针对妈妈的批评，佳丽也不甘示弱："我们班确实有女生对那个男孩有好感，有的甚至给他写'情书'，可我对他没感觉，你用得着翻脸吗？"

吵着吵着，妈妈打了佳丽一巴掌，佳丽哭着跑了出去。从这以后，两人几天不说一句话。后来外婆把佳丽接过去住了一个月，母女关系才得到了缓和。

我们发现，在这个案例中，女儿和妈妈闹别扭，并不是女儿的错。女儿只是在陈述情况，但是妈妈却想多了。造成母女矛盾的罪魁祸首就

是妈妈的担心和疑虑。

在现实生活中，凡是孩子和父母争吵，父母就会觉得一定是孩子的错。这一方面是因为父母总是不自觉地把自己摆在了比较权威、不能触犯的位置上；另一方面，则是由于父母总觉得自己是为了孩子好。在这种双重"有理"下，大多数父母都会觉得一定是孩子错了。

处于青春期的孩子比较容易和父母起冲突，这是可以理解的正常现象。孩子在慢慢地成长，他们的自我意识也在进一步发展，并逐渐形成了自己的价值观，这种价值观有时候与父母的价值观不同，所以就会遭到父母的反对，但是他们又不愿意按照父母的价值观做事，所以就会和父母起冲突。

其实，这种冲突完全可以少一些，这就需要父母多宽容、理解自己的孩子，要放下家长的权威，不要总是觉得孩子不懂事。如果父母能够学会及时反思自己，那么一定能够得到孩子的理解，从而走进孩子的心里，与孩子建立一种亲密的类似于朋友的关系。

有一天，王涛的妈妈在给王涛整理房间时，发现了王涛藏在床头的一封信。原来，这是他写给他们班上一位女同学的"情书"。王涛的妈妈看了以后很生气，准备等王涛回来后好好地教训他一顿。

下午放学后，王涛一回到屋子，就发现妈妈阴沉着脸。等他回到房间后，发现他写的那封"情书"不见了。

"妈，你是不是乱翻我的东西了？"王涛大声地问道。

"是的。"

"你怎么能这样呢?"

"我要是不翻你的东西我能知道有些事情吗?我还不是为了你好?再说，我也不是故意的。"王涛的妈妈辩解道。王涛听后转身回到了自己的房间，关上了门。

王涛的妈妈也开始反思自己，觉得自己翻看孩子的东西毕竟不对，于是决定向王涛道歉。就这样，王涛的妈妈敲开了王涛房间的门。

"我觉得翻看你的东西是我的不对。"王涛妈妈说出这句话后，王涛很吃惊，想了想就说:"我觉得我写'情书'也不对。"妈妈听后笑了笑。"其实我也没想着要早恋，不然我干吗写了不给她呢?"王涛接着说道。

自从这件事情以后，王涛的妈妈每次在跟王涛对于一件事情有不同意见的时候，都会去反思自己是不是做错了。王涛也很愿意将自己在学校的一些事情说给妈妈听，觉得这个"朋友"其实还不错。

我们总说，每个人都会犯错，父母在教育孩子的过程中也一样，只不过，好的父母一定会在出现错误的时候反思自己。其实，父母反思的过程，就是站在孩子的角度看问题的过程。会反思的父母之所以会受到孩子的喜欢，就是因为他们可以用一种平等的态度站在孩子的角度思考问题。

五、不要试图撬开孩子的抽屉

我之前在微博上看过一个视频，视频的主角是一群天真的小学生。

有一个问题是这样的："妈妈爸爸在家做过什么让你很反感的事情吗？"回答"偷看日记"的频率最高。有个小女孩说："我爸妈在家会偷看我的日记，我把日记本藏在衣柜里，我妈竟然都能找出来，好像我做了多大一件坏事似的，所以我现在都不太想跟他们讲话了。"

有很多父母害怕自己的孩子在人生的道路上犯错，于是绞尽脑汁地了解孩子的"私生活"，不是翻孩子的书包，找找有没有情书之类的"违禁品"，就是想方设法偷看孩子的日记，试图把孩子危险的思想扼杀在摇篮里。表面上是对孩子的关心，应该大力施行，但是用这种教育手段，孩子是被看紧了，亲子关系却越来越远。

自从上了初中之后，陈媛媛和父母的交流越来越少，不仅如此，她还偷偷给自己的抽屉上了一把锁，把日记、信件全都紧紧地锁在抽屉里。有一天，陈媛媛回到家，打开抽屉发现日记本和信件的位置跟她放的位置不一样。她知道肯定是父母偷看自己的日记了，一种屈辱感瞬间涌上心头。陈媛媛冲到客厅，对着正在看电视的父母大吼道："你们为什么要撬开我的抽屉，你们知不知道这是在侵犯我的隐私权！我这么相信你们，你们就这么对我吗？"

面对陈媛媛的质问，父母无话可说。后来，他们在和朋友聊天的时候才说出了自己心里的苦："女儿大了，跟我们的话越来越少，整天就拿个小本子写写写，写完了还锁起来。我们也是怕她一个女孩子有什么不好的想法才看的啊，谁知道，她倒把我们当成仇人了。她的日记里其实也没写什么出格的内容，我们也没说她。可是后来，她就再也不相信我们了,以前还跟我们聊两句,现在一句话都不跟我们说了。"

什么是隐私?隐私就是每个人不愿意和他人讲的事情。每个人心中都有小秘密,孩子也不例外,并且,随着年龄和阅历的增长,知识和情感越来越丰富,孩子的自尊意识也在增强,原本敞开的心扉也渐渐关闭了。

其实,跟陈媛媛的父母一样,许多家长之所以会偷看孩子的日记,主要还是因为现在社会很复杂,孩子又不愿意和自己谈心,不偷看他们的日记,不翻他们的书包,就不知道他们脑子里在想什么,更不知道他们在和什么人来往。这些父母认为,自己对孩子有监护权,所以偷看孩子的日记是合理的,也是为了孩子好。因此,在孩子成长的过程中,那个上锁的抽屉就像是"潘多拉盒子",让无数父母前赴后继地成为"偷窥者"。他们渴望能从里面看到孩子的心声,读到藏在孩子心中的"秘密"。

然而,事实证明,一旦父母打开了这个"潘多拉盒子",翻看了孩子的日记本,表面上父母觉得和孩子的距离拉近了,但实际上,这是非常伤害孩子自尊心的行为,到头来只会让自己和孩子之间的鸿沟越来越深。也有专家认为,父母会偷看孩子的日记,偷听孩子的电话,从侧面反映出父母对孩子的关心和信任不够,这也是导致亲子关系紧张的直接导火索。长期下去,甚至还会让孩子心理扭曲或者情绪抑郁,影响孩子的一生。

孩子之间有这么一句戏言:"防火防盗防父母。"从这句话中我们不难看出，孩子和父母之间是如何"针尖对麦芒"的。就像陈媛媛对曾经很信任的父母表现出很失望的情绪一样，当得知父母一直在窥探自己的隐私时，大多数孩子会不理解，他们觉得父母侵犯了自己的隐私权，同样也忽略了自己的自尊，这让他们感到十分委屈。

我们常说："养儿一百岁，长忧九十九。"绝大多数父母希望自己的孩子是透明的"水晶人"，心里想什么自己一目了然，但是孩子却不这么认为。孩子需要有自己的空间，有自己的小小世界，用来安放自己青春的秘密。

有这样一组数据：近40%的中小学生的日记和信件被父母偷看过，75%的学生把信件、QQ记录、电话当成自己的隐私，70%的学生把秘密埋在心里，57%的孩子选择了坚决反对父母看自己的日记，15%的学生会因此和父母产生实质性的冲突，65%的孩子选择买一本加锁的日记来保护自己的隐私。这些数据充分地说明，在成长的过程中，孩子需要有自己的空间，父母不要过分打扰。

再小的孩子也有自尊心，需要他人的尊重，特别是来自父母的尊重。为什么这么说呢？

因为不管在什么年龄，孩子都有自己独特的行为方式，有自己独立的人格和隐私权。孩子不是父母的附属品，他们是独立的个体，我们可以包办孩子一时，却不能包办孩子一辈子。我们要转变自己的想法，鼓励孩子独立思考，独立参与活动，给他们充分的自由空间。如果孩子从小获得了父母的尊重，他就会懂得自尊，也懂得尊重别人。

教育专家建议父母,要尊重孩子的隐私,不要打开孩子的抽屉,随便偷看孩子的日记,秘密的抽屉打开了,孩子的心门也就关上了。

为了建立起亲密的亲子关系,给孩子一个自由的空间,建议父母给自己"约法四章":

第一,从实际行动上尊重孩子。侵犯孩子的隐私只会激怒孩子,让孩子变得更敏感,因为自己的尊严和隐私没有被尊重,所以他们会更加不信任父母和周围的长辈。

第二,从心理上理解和支持孩子。心理上的关爱和精神上的支持,是父母给孩子最有价值的礼物。放手让孩子自己处理问题、解决矛盾,也是锻炼孩子独立性的一种好办法。

第三,在生活中注意孩子的变化。孩子不想自己的空间被打扰时,父母就让孩子自己待着;当孩子想拥有自己的秘密日记时,父母就不要偷看。

第四,在语言和行为上尊重孩子。父母以身作则,孩子就会耳濡目染,从而尊重他人,把父母当朋友。这样下去,当孩子遇到什么烦心事时,才有可能和父母分享。

撬开孩子的抽屉、偷看孩子的日记、偷听孩子打电话,父母的这些行为看似在了解孩子,其实是在伤害孩子,从而影响父母和孩子之间的关系。所以,父母一定要尊重孩子的隐私,留给孩子一片纯粹的秘密空间。平时以平等的姿态和孩子交流,多了解孩子的内心世界。我们以尊重对孩子,换来的一定是孩子的信任和尊重。

六、不苛求孩子"十全十美"

每个父母都望子成龙、望女成凤，希望自己的孩子成为"十项全能"，这样的孩子多给自己长脸啊！理想很丰满，现实很骨感，先不说这样的孩子凤毛麟角，难道什么都会的孩子就是完美的吗？

我看不见得。其实，完美本身就是一种不完美，世界上是不存在真正完美的人的。所以，这个世界上不存在完美的父母，更不存在完美的孩子。

一心追求完美的人是很难快乐的。俗话说，知足者常乐，快乐源于自己内心的满足，对于那些追求完美的人来说，他们总是处于失望和遗憾的情绪中，又怎么会快乐呢？

去年暑假，我的大学同学带着女儿菲菲到我家做客。菲菲很可爱，一进门，同学就对菲菲说："快叫阿姨。"菲菲看了我一眼，害羞地低下了头，紧紧地抓着自己的衣角。

同学有些不高兴，声音抬高了一些："你这孩子怎么回事，跟你说了多少次，要有礼貌，要叫人，你低头干吗？"

菲菲被妈妈训了一顿之后，头低得更低了，同学有些尴尬，催促说："快点叫阿姨，听见没！"

菲菲看了我一眼，声音非常小地叫了一声"阿姨"。同学更生气了，对菲菲吼道："你这个孩子怎么这样，让你叫个人怎么这么费劲呢？"

菲菲的眼睛有点泛红，我心中不忍，连忙说："算了算了，菲菲跟我还不熟，待会儿就好了。"

同学这才松了口，菲菲仍然没有叫我，但是眼神里充满了感激。我想，孩子之间应该熟悉得快一些，就让女儿和菲菲一起去玩了。

两个孩子一走，同学就跟我大吐苦水："唉，我和我老公都是'闷葫芦'一个，我看哪，菲菲完全是随了我们了。我不知道跟她说了多少次，出门要主动跟别人打招呼，在家里好不容易有点转变，出门又退回去了，搞得我在别人面前非常尴尬。"

她接着说："菲菲其实挺聪明的，学习上一点不用我们操心，可是一遇到有人问她问题，她就不敢开口了，周围的邻居还以为她是个哑巴，不会说话呢。今年过年，菲菲的爷爷奶奶、外公外婆、弟弟妹妹们都来了，菲菲跟他们都很熟的，我就让她给大家跳个舞，可是菲菲死活不愿意，软硬不吃，还一个人跑到房间里，关着门不出来，弄得大家特别扫兴。"

最后，同学感慨地说："这孩子这么内向，以后在这个社会上怎么能吃得开啊？我羡慕那些活泼开朗的孩子，真是做梦都梦见菲菲突然变开朗了，可我想这辈子是实现不了了。让孩子跳个舞，都跟要了她的命似的。"

我突然对同学说："咱们认识也十几年了，彼此那么熟悉了，而且现在就我们两个人，不如你给我来段舞蹈吧！"

同学一愣，笑着说："你开玩笑吧，我又不会跳舞。"

我一本正经地说："没关系啊，不管你跳得怎么样，我都不会嫌弃你就是了。就我们两个，跳一段吧！"

同学下意识地拒绝道："都一把年纪了，你居然叫我跳舞，我可丢不起这个人。"

我双手一摊："你看，让你跳个舞你那么为难，你怎么知道你的要求在菲菲看来不让她为难呢？很多时候，我们自己都做不到、抹不开面子的事，怎么放到孩子身上，他们就该如此了呢？"

同学听后没有说话，显然在思考。过了一会儿，她有点不甘心地说："我明白这是我的缺点，但是我不希望菲菲身上也有这个缺点。"

我又问她："为什么你觉得内向就是个缺点呢？如果你觉得这是个缺点，为什么不把它改掉呢？"

同学想都没想便说："我都多大了啊，早就定型了，改也改不掉了。可菲菲还小，还有机会啊。"

这些话，相信为人父母的都十分熟悉吧？我经常听到有些父母说："哎呀，我们都一大把年纪了，也不会有什么大出息了，只能指望孩子出人头地，给我们长长脸。"

这种想法并没有错，孩子确实比大人更有可塑性。但其实，不管在什么年纪，只要自己下定决心想改变，就很有可能实现自己的理想。对大多数人来说，改变自己，首先就要否定自己。然而，否定自己是需要非常大的勇气的。另外，改变自己要付出很多心血，经历的过程非常辛苦，甚至可以说是痛苦。所以，我们以年纪、能力等因素作为自己逃避的借口，可是内心却非常不甘，于是便把这种不甘放到孩子身上，希望通过孩子来弥补自己的遗憾。

在这个过程中，我发现一个现象，就是越是对孩子期望高，越想塑造一个完美的孩子，最后得到的结果越不理想。真的是因为孩子太差了吗？并不是这样的。我们都知道，失败是成功之母，每一个成功的人都经历过无数次失败。可是这些失败在父母眼里就是败笔，对他们来说，一次失败就意味着孩子的一生都完了。因此，为了不让自己的孩子失败，他们便加倍地要求孩子。

在这种环境下，就算孩子尽了全力，对父母来说还是很不满意。最后，在父母失望的眼光中，孩子彻底怀疑自己、否定自己，甚至患上抑郁症，走向无底深渊。或者，当孩子成家，有了自己的孩子后，又把这种期望强加在自己的孩子身上，形成一种恶性循环。

但是，这种做法真的对吗？父母没有勇气和能力改变自己，却要求孩子做到，这是不是对自己"自由主义"，对孩子"必须主义"？孩子又怎么可能会完全达到父母的期望？

我们再来看看父母眼中这些所谓的"缺点"。这些缺点真的那么严重吗？就拿菲菲的内向来说，内向的人，也许在社会上容易吃亏，但是，这不也只是假设吗？就像有的上司喜欢舌灿莲花的员工，但是有的上司就是欣赏像菲菲这样脚踏实地、内向认真的员工啊。父母就能确定孩子的内向会毁了她吗？既然无法预知，为什么不坦然接受呢？

孩子最需要的就是父母的肯定和欣赏，只有这样，才能让孩子发挥出自己最大的潜力，提高自信和安全感，让孩子一生幸福。

我曾经看过一部电影，其中的一个情节给我留下了非常深刻的印象。电影里的父亲有三个孩子，一个孩子智力超群，并且事业小有成就；一个孩子很普通，生活比较平凡；还有一个孩子智力低下，没有生活自理的能力，是父亲一直在照顾他。可是这三个孩子都过得非常快乐，非常幸福。在父亲的生日那天，三个孩子都用自己的方式向父亲表达了自己的爱意和祝福。父亲对最聪明的孩子说："你事业有成，爸爸为你骄傲，爸爸很爱你。"父亲对平凡的孩子说："你能把自己的生活过得这么幸福，爸爸为你高兴，爸爸爱你。"最后，父亲对那个有些缺陷的孩子说："不管你是什么样的，你都是我的儿子，爸爸一样爱你。"

　　成熟理智的人都明白，这个世界上根本不存在完美的人，固执地追求这种不可能的完美，只会让自己进入"死胡同"，失去生活的乐趣。作为父母，我们应该坦然接受孩子的缺点，积极地引导，不要对孩子过于严苛。

　　我之所以不赞成父母追求孩子十全十美，是因为十全十美根本就没有一个评判标准。孩子太活泼，父母觉得孩子太调皮了，不好管教；孩子太内向，父母又担心孩子长大会受欺负，没有个性。十全十美到底是什么？没有人知道。就算真的有一个十全十美的人站在我面前，我也一定会觉得这是个机器人。所以，我们不要再苛求孩子"十全十美"，要多欣赏孩子的优点和特长。

第八章

不听话的孩子背后是不会引导的父母

世界上没有不听话的孩子，只有不会引导的父母。善于引导的父母，就像孩子人生道路上的指明灯，照耀着他前行的道路。好的引导胜过千万次说教，它就像灯塔，为孩子指出正确的目标和方向。

〜〜〜〜〜〜〜〜〜〜〜〜〜〜〜〜〜〜〜〜〜〜〜〜〜〜〜〜〜〜

一、孩子错了，先听听他怎么说

美国成功教育学家拿破仑·希尔曾经说过这样一句话："每个孩子都有许多优点，而父母恰恰相反，总是盯着孩子的缺点，认为管好孩子的缺点，才能让孩子更好地成长。其实，这样做就像蹩脚的工匠，是不可能造出完美的瓷器的。"

因此，父母在教育孩子方面，要想做一个手艺高超的"工匠"，就要对孩子的思想和行为摆出客观公正的态度。

虽说孩子对事物的判断能力和明辨是非的能力还不够，但他们也有自己的思维方式。孩子在做每一件事时，都有自己的理由和想法。所以，当孩子做了让父母意想不到的事或错事时，父母应该先冷静下来，听听孩子怎么说，给孩子申诉、解释的权利。了解孩子做这件事的动机，然后引导孩子认识到自己的错误。

令我感到惋惜的是，大多数父母在发现孩子做错事后却不问青红皂白，一味地批评和处罚。这不仅不能让孩子心悦诚服地接受父母的批评，反而会让孩子产生逆反心理。

不论何时何地，当孩子做错事后，父母一定要先听听他怎么说，给孩子解释的机会。等孩子把事情说清楚后，再批评也不迟。

浩浩的妈妈在一家公司上班，平常工作很忙。为了安心地上班，妈妈把奶奶从家里接过来，让老人帮忙照看浩浩。自从奶奶来了以后，浩浩非常懂事。每天晚上和奶奶一起去小区的广场上散步，还在奶奶生日时用自己的零花钱给奶奶买了一个蛋糕。

有一天，妈妈下班一进门，就看见有一只小猫在家里乱窜，把家里搞得乱七八糟的。妈妈非常生气，就大声训斥浩浩："马上就要升初中了，你还有时间养猫？这么脏的猫，在哪里捡的，还不把它拿出去丢了？"

浩浩听完妈妈的训斥，正张嘴准备向妈妈解释什么，可妈妈很不耐烦地说道："你不要说话，我不想听。总之，你赶快把它给我丢出去就行了。"说完，妈妈不容分说地把猫拿到门外去了。

这时，浩浩默默地流下了泪水，愤然地看了妈妈几眼，转身回到了自己的房间，晚饭也不愿意出来吃。浩浩的样子让妈妈更生气了，刚想要追过去再训斥一顿，浩浩的奶奶过来对她说："别骂孩子了，猫是他给我的。他说怕我一个人在家寂寞，才向同学要来这只小猫来陪我的。孩子也是好心，你要是不喜欢，可以好好跟孩子说，明天把它送给别人，不要再骂孩子了。"

妈妈听完奶奶的话，很后悔自己不听浩浩的解释就一通责骂。她推开儿子的房门，看到他正趴在床上哭。她走过去坐在床边，向儿子道歉说："妈妈错了，不该不听你的解释，以后我会改的。"

在生活中，像浩浩妈妈这样的父母比比皆是。孩子一旦做了什么不符合常理的事，父母总是喜欢把自己的意愿强加给孩子，不听孩子的解释就开始责骂。有的父母甚至还会在孩子解释时说："你还想狡辩？住口！"

试想一下，一个经常被父母训斥"住口"的孩子，心里该有多委屈？

经常不能为自己的行为辩解的孩子，时间久了，就会彻底放弃为自己辩解的权利，变得怯懦、胆小。父母千万不能因为孩子小，就不重视他们的看法，不给他们申诉的机会。如果父母通过孩子申诉，发现孩子做对了，而自己错怪了孩子，就应该承认错误，支持鼓励孩子；如果孩子认识上存在误区，父母就要循循善诱地进行启发和开导。

值得注意的是，如果通过孩子申诉，父母知道他们是在胡搅蛮缠，或者是在进行不合理的申诉，则不必理会，还要明确地告诉孩子：你这件事就是做错了，要认识自己的错误。

孩子的申诉是对父母权威的约束，阻止父母滥用权威。而孩子申诉的理由必须是正当理由，不能是主观感觉或某种任性的行为。如果孩子进行的是无正当理由的申诉，父母要坚决拒绝；如果孩子始终能正确运用申诉，那么就会提升自己的可信度，不论在家里还是将来到了社会上，都可以让自己得到更公平的对待，保证自己的人格尊严。

当孩子错了，先听听孩子怎么说，这不是放纵孩子的行为，也不是听孩子的狡辩，而是一种引导，是一种家庭教育的方法。

二、引导孩子拥有具体的梦想

在亲子关系中，有些父母往往会以家长的身份自居，成为孩子高高在上的"指导者"，不断地给孩子下指令，要求孩子做这做那，强迫孩子依照自己的标准行事，但最终往往是做了很多事，效果甚微，甚至相反。而有些父母则是什么都不管，放任自流，效果更不好。还有一些父母在孩子的成长过程中扮演了"引导者"的角色，管但是不全管，只是引导孩子拥有一个具体的梦想，管在要害之处，如此孩子的成长一般都能够一帆风顺。

天天最喜欢琢磨海底世界，对于海洋生物，他随时都有很多问题来问爸爸，有时爸爸甚至还会被他问住，于是爸爸不得不去新华书店，为天天带回许多有关海洋知识的书籍。

有关海洋世界的介绍让天天入了迷，各种各样的鱼和形形色色的水生植物更是让他感兴趣。一些介绍海洋世界的动画片和电视节目也是天天最喜欢的。在学校里，每当同学们有不认识的鱼或其他海洋生物时都会来问天天，而且每次天天都能答上来。为此，小朋友们还羡慕地叫他"海洋专家"，天天也喜欢大家这样叫他，他说他就喜欢当海洋专家。

爸爸见天天如此喜欢探索大海的奥秘，于是利用暑假的时间带天天去了一趟三亚，让他真正地感受大海、触摸大海。在海边，天天兴奋得不得了，不停地在海边玩耍，拾贝壳、捡海螺，还和爸爸一起看潮起潮落。爸爸还带天天参观了海洋馆，同时给天天买回了许多海底世界的图片。

就这样，天天一如既往地爱着大海，爱着海洋生物，他盼望着自己能快点长大，早日实现自己的海洋梦想。

不是只有成人才有梦想，孩子同样需要有梦想。但如何让孩子拥有梦想并为梦想努力，则是家庭教育中一个值得注意的问题。孩子很小就开始懂得憧憬未来，这是他开始掌握时间概念和自我意识萌发的表现。这种意识会随着孩子的成长而发展，父母应该有意识地加以引导，帮助孩子树立具体而远大的理想。

没有梦想是一件可怕的事情。一些学习成绩非常好但没有一点危机意识的孩子，他们在将来选择大学、专业甚至是选择职业时，都是随波逐流的，而不是以自己的梦想为基础。其实有很多在上学时一直都是尖子生的学生能够考进一所一流的大学，而在就业求职的过程中却屡屡碰壁，其中一个原因就是在他们求学的过程中，父母坚持给他们进行课外辅导，上各种培训班，所以他们能够很顺利地考入一流的大学，但他们却从来不曾想过自己的人生到底该怎么走。因为他们不曾有过梦想，他们每次考试都在争取第一，但却不知道争取第一的真正意义是什么；他们一直都想考上一流的大学，或许这也是他们的梦想，但在这个梦想实现之后，却没有从实际意义上考虑人生的梦想。

纵观世界，不管处于哪个时代、哪个国家，能够担起重任，引领时代或国家向前发展的人，绝不是那些在孩童时期成绩优秀而胸无大志的人，也不是什么天才，而是从小就拥有伟大梦想，并且愿意为实现这个梦想而奋斗一生的人。因此，父母不仅要抚育孩子长大成人，还要引导孩子拥有具体的梦想，让他长大后真的成"人"！

一位穷苦的牧羊人带着两个年幼的儿子，艰难地维持着生活。一天，他们正在放羊，这时一群大雁鸣叫着从他们头顶上飞过，并很快从他们的视野中消失了。

"要是我们也能像大雁一样飞起来就好了，那我就要比大雁飞得更高，去天堂里看妈妈。"大儿子眨着眼睛羡慕地说。"做个会飞的大雁多好啊！可以飞到自己想去的地方，那样就不用放羊了。"小儿子也对父亲说。牧羊人沉默了一下，然后对儿子们说："如果你们想，你们也会飞起来。"

两个儿子试了试，并没有飞起来，牧羊人也没飞起来，但牧羊人肯定地说："可能是因为我的年纪大了才飞不起来，你们还小，只要不断努力，就一定能飞起来，去你们想去的地方。"两个儿子牢记着父亲的教导，并一直不断努力。

等长大以后，他们终于飞起来了，他们就是发明了飞机的美国莱特兄弟。

所有的孩子都有梦想，父母应该给予鼓励。莱特兄弟也正是基于从小就想飞上天的梦想才发明了飞机，而且这个梦想一直受到了父亲的鼓励。

许多看似不切实际的梦想之所以可以实现，是因为梦想会使人心中产生激情，这种激情可以令一个人产生"虽九死而不悔"的志向，它会最大限度地激发人的潜能，从而实现自己的目标。

成功教育专家刘京海曾说过："让每个孩子都有梦想，是教育中最核心的任务。每个人都有梦想，同时一个民族有同一个梦想，这个民族就是有希望的。"或许你的孩子还不懂得未来、梦想是什么意思，或许你的孩子还从来没有过梦想，想不出自己将来会做什么、会成为什么样的人。这不要紧，现在你就担负起责任，做好孩子梦想的引导者，把孩子培养成一个拥有梦想的人吧。

三、像一名守塔人，给孩子指出正确的方向

我们都听过这样的故事：

在很多年前的一个清晨，一个名叫菲罗伦斯·查德威克的女人从加利福尼亚海岸的卡塔林纳岛出发了。她接下来要做的事情就是穿越太平洋，游到对岸的加州海岸。

这一天，海上的雾气很重，查德威克几乎看不到护送自己的船只，可是她依然奋力地游着。时间一个小时一个小时地过去了，她仍在顽强

地坚持着，即便海水冻得她直打哆嗦。

15个小时之后，她开始想要放弃，觉得自己不能再游了。她的教练和母亲都鼓励她，说海岸就在眼前，希望她不要放弃。可在她眼前，除了浓雾什么也没有，她看不到对岸，也看不到希望。几十分钟后，她被拉上了护送船，这时她才知道海岸真的就在眼前——她距离海岸只有半英里的距离。此时，她万分后悔自己的选择。

两个月之后，查德威克在天气晴朗的日子里选择了再一次挑战，而这一次她成功了。她不但成功地游过了卡塔林纳，还比男子纪录快了将近两个小时。

这个故事告诉我们，当你给孩子一个目标并告诉他一定能够达成时，他真的就会全力以赴地朝着目标前进，直到有一天达成这个目标。而且你也会发现，在孩子一步步努力的过程中，他的自信心也在一天天地增加，还会去做许多他之前没有信心去做的事情。

目标激励法是让孩子获得成功的最实际的方法。目标激励就是确定适当的目标，诱发人的动机和行为，达到调动人的积极性的目的。目标的真正作用就是作为一种诱因，指导和激励人们努力。

假如父母不断启发孩子对目标的追求，那么同时也激起了孩子奋发向上的动力。这就像某位哲人的名句所说的一样："目标和起点之间隔着坎坷和荆棘，理想与现实的矛盾只能用奋斗去统一。困难会使弱者望而却步，却使强者更加斗志昂扬。远大目标不会像黄莺一样歌唱着向我们飞来，却要我们像雄鹰一样勇猛地向它飞去。只有不懈地奋斗，才可以飞到光辉的顶峰。"

远大的目标是必须要有的，但在实行的过程中一定要让孩子看到实现目标的希望和前景，要用一个看得见的目标激励孩子，好高骛远的目标并不能让他更接近成功。人都有憧憬美好未来的想法，但是真正梦想成真的人又有多少？为什么那么多美丽的愿望都化为生活中的泡影，变成了回忆里的事情呢？

我想最根本的原因还是我们实现目标的过程太过于漫长，于是这中间发生了太多的变故，最后导致我们改变了自己人生的方向。假如我们给孩子树立了一个清晰明确的目标，而不是盲目地给他一个仿佛笼罩在迷雾里，看不清具体方向的目标，那么孩子在朝着这个目标前进时，就会很明白地看到自己向目标靠近了多少，然后满怀成功的希望和热情，奋力朝目标前进，于是信心越来越强，最终抵达胜利的终点。反之，则会失去耐心和毅力，前功尽弃。

有时候事情成功和失败的原因就是这么简单，因为看不到明确的目标，所以没有信心继续前行，于是备受煎熬地在最后选择了放弃。拥有很高判断力和毅力的成人尚且如此，那孩子岂不是更容易在看不清目标时选择放弃？所以，这时就需要父母做好孩子的领航人，给他一个清晰的、看得见的目标，让他朝着这个目标努力前行。

目标的实现是一个充满未知的过程，孩子的毅力有限，也很容易被各种各样的事情诱惑，进而转移目标，不能坚持到最后。对于这个问题，父母可以给孩子先设置一个短期易完成的小目标，即把一个大目标分成若干个小目标，让孩子一步步地接近成功。

布勃卡是世界上非常著名的撑杆跳名将，他取得了很多次国际比赛的世界冠军，几乎每次都能刷新自己保持的纪录。可令人惊讶的是，他每次只是将成绩提高一厘米，多一厘米都不挑战，所以人们给他取了个绰号叫作"一厘米王"。

当他成功地越过 6.25 米的高度，再一次打破自己创下的纪录时，布勃卡非常感慨地说："如果我一开始就把目标定位在 6.25 米，恐怕就不会有今天了。或许我早就被这个高度吓倒了。"

没错，布勃卡是睿智的，他始终把目标设定在切实可行的"一厘米"，然后锲而不舍地努力、拼搏，正因为如此，他才能创造一个又一个世界纪录。在现实生活中，很多孩子之所以半途而废，并不是不努力，而是把自己的目标定得太远了，以至于在"迷雾"中看不到目标。

人生的道路都是要靠自己去走的，酸甜苦辣也好，挫折失败也好，鲜花掌声也好，这一切都要自己去经历，才能明白其中的深意，才能得到属于自己的人生经验。父母不能代替孩子完成他的人生，能为孩子做的就是让他少走一些弯路，多经历一些成功，多拥有一些自信和毅力，而为孩子选择一个看得见的、能够实现的目标，是父母首先要做的。

父母要像一名守塔人，当孩子身在迷雾中看不清成功的方向时，父母就要把信号灯点亮，给孩子指出正确的方向，然后指引孩子大踏步地向前行走。

四、好的兴趣是熏陶和培养出来的

我始终认为，兴趣是一个人最好的老师。正因为对一件事物感兴趣，才能充满激情地去钻研、去学习。

在孩子成长的过程中，德智体均衡、全面地发展，对他们的一生都会起到至关重要的作用。好的兴趣爱好对孩子的学习和生活都是有利的。怎样才算真正的兴趣呢？我认为首先是孩子愿意主动接触这个事物，"自愿"是发展兴趣的良好基础。

总有些家长按照自己的意愿来培养孩子，也就是说，把孩子的"自愿性"变成了"强迫性"，这样孩子不但不喜欢学习，反而会慢慢地产生厌恶情绪。

网上有一个关于孩子兴趣的话题，我把一些孩子的评论摘录下来分享给大家：

"我很喜欢画画，爸妈也挺支持的，但是他们每天都给我规定要画几张画，不完成任务不行，我觉得比写作业还累，现在已经不喜欢画画了。"

"我妈给我报了四五个兴趣班，除了在学校上课就是去兴趣班，周末也没有时间休息，我头都晕了。"

"爸妈给我列出一张单子，上面都是让我读的书，很多书哲理性太强，我读不懂。只要我一说不喜欢读，他们就很生气，狠狠地批评我。"

……

仔细翻看这些评论，发现目前真正按照自己兴趣发展，父母没有妄加干涉的孩子寥寥无几，大多数孩子的兴趣不是自己的，而是家长的。

例如，有的家长忽视了兴趣的真正含义，即兴趣不是带有固定模式的，而是自主的。如果为了发展兴趣而设立标准，就会让孩子的逆反心理增强，觉得兴趣是一种负担，长此以往，兴趣也就不是兴趣了。

还有的家长不在乎孩子是不是真的感兴趣，也不在乎参加兴趣班能得到什么实际效果，只是盲目地认为"越多越好"，太急功近利，结果往往事与愿违。现在孩子的课业负担比较重，学习之余还要参加各种各样的兴趣班，学的知识太混乱，又没有充分的时间休息，身体和大脑都超负荷运转，这对孩子的身心健康也是有害的。

父母以大人的角度对待孩子，认为自己是为了孩子好，却不能正确熏陶和引导，最终会导致孩子不知道该学什么，该怎样去学。

孩子的兴趣不一定十分广泛，只要是他们喜欢的、对他们成长有利的，都可以发展下去，单纯培养一种兴趣也未尝不可。

对于还没有兴趣的孩子，应该培养和熏陶；对于已经有了自己兴趣爱好的孩子，合理的引导非常重要。

首先，要培养孩子的一种兴趣，必须让他们置身于良好的环境中，用环境的力量影响他们。如果家长爱读书，孩子也会慢慢喜欢上读书，培养其他的兴趣也是如此。对于这一点我深有体会。

拉小提琴是很高雅的事情，既能陶冶情操，还能提高孩子的修养，所以我觉得应该培养女儿对小提琴的兴趣。每到晚上，我都会放一首舒缓的小提琴曲，然后捧一本书来读，听的时间长了，女儿就问那些好听的曲子是怎么演奏出来的，我对她说："其实你也可以啊，想不想试一试？"女儿马上同意了，而且对小提琴的热情也很高。所以，培养良好的兴趣，耳濡目染是不可或缺的，让孩子置身于恰当的氛围，能帮助他们很快进入角色。

另外，要注意别让"兴趣班"抹杀了孩子的兴趣。"兴趣班"并不是最好的途径，一些兴趣班的课程设置并不合理，老师的教学方法也不可行，太教条的教育方式会让孩子消极应对，课程是否生动跟兴趣的培养也有很大关系。因此，在兴趣班的选择上，不在乎"多"，只在乎"精"，而且要结合孩子的实际情况，考虑兴趣班是不是真的有利于培养孩子的兴趣。

还有，不要给孩子强加兴趣。强迫的学习只会让孩子抵触，那不能算是真正的兴趣。孩子真正爱好一种东西，会全身心地投入进去，如果是强迫的，他们就没有办法体会到其中的乐趣。而且，父母把自己的意愿强加到孩子身上也是不对的。每个孩子都有自己独特的性格，他们对一些事物很感兴趣，反之，对另一些事物就不太感兴趣。如果父母只根据自己的想法给孩子制定兴趣，那么兴趣就不是培养出来的，而是被逼出来的。

父母想让孩子十全十美，尽量培养他们高雅的兴趣。但是，高雅的兴趣并不适合每个孩子，关键还是要看孩子喜好什么、适合什么，而不是为了虚荣心强迫孩子去学习。

有一个在教育孩子方面很明智的家长，他带女儿去少年宫，想给孩子报小提琴班，咨询老师回来后发现，女儿正趴在舞蹈教室的玻璃窗前兴致勃勃地看别人跳舞呢。这位家长问女儿："你喜欢学琴还是学跳舞？"女儿不假思索地回答："跳舞，我要学跳舞。""跳舞很辛苦的，你能吃苦吗？"家长问。在得到孩子肯定的回答以后，他带着女儿报了舞蹈班。

　　聪明的家长懂得照顾孩子的情绪，不会让孩子成为自己意愿的附属品。孩子只有真正感兴趣，才能用心钻进去。

　　在孩子发展兴趣爱好的道路上，也会遇到一些小问题。我的女儿对小提琴感兴趣了一段时间之后，变得没有以前那么劲头十足了，经常心不在焉，一会儿弄弄这个，一会儿弄弄那个。相信不少父母也遇到过类似的情况。爱玩是孩子的天性，对一件事物的好奇心过去以后，就会懈怠下来，这都是正常现象。在这个时候，批评是不可取的，应该由对孩子兴趣的培养转换到兴趣指引上。

　　在女儿又一次贪玩不想练琴时，我走过去和颜悦色地说："小提琴学得怎么样了？有时间也教教妈妈吧。"女儿欣然同意了，重新树立起拉小提琴的兴趣，而且还真的像模像样地当起了我的老师。一段时间过去，女儿的小提琴水平有了很大提高。

　　无论是对孩子兴趣的熏陶还是引导，都应该围绕一个词来进行，即"自主"。给孩子充分的空间，让他们接触到新鲜事物，在这个过程中激发他们学习的欲望。熏陶出孩子的兴趣不是短时间能完成的，父母如果太急躁，成效自然很差，甚至会一点成效都没有。

兴趣是积极的情绪，它不等同于课本上的知识，而是包含了更为广泛的含义。父母要让孩子知道，学习自己愿意了解的东西是一件快乐的事；作为父母更应该知道，好的兴趣是熏陶和培养出来的。

五、润物细无声，善用"无声教育"

"现在的孩子怎么这么烦，根本没法儿教育。"我几乎每天都能听见这样的抱怨。

孩子不听话，顽皮，上课不好好听讲，不能按时完成作业，成绩总是倒数几名……

对于这样的孩子，到底要如何做？这是大多数父母都头疼的问题。

我觉得"无声教育"就是一种很好的教育方式。什么是"无声教育"呢？它有两层含义：一是要无私奉献，把孩子指引到良性轨道上来，培养他们，教育他们；二是要注意对孩子的思想教育，抛弃斥责、批评等"声音"，潜移默化地引导他们。

我认识一名小学老师陈老师，他就是"无声教育"最好的典范。

上课的时候，有个学生一边飞快地写着什么，一边不时抬头看看陈老师有没有注意到他，神情非常不自然。陈老师读着课文走下讲台，到他的桌子旁边用余光一看，原来他在补写数学作业。陈老师继续朗读课文，同时用手轻轻叩了叩他的桌子，学生马上意识到了，迅速收起作业并拿出课本，认真地看起来。

除了不批评学生外，每次考试之后，成绩不好的学生总不喜欢听到老师当着全班同学的面念出分数。陈老师只在黑板上写出前 10 名同学的名字，其他学生的分数一概不念。考得不好的同学都很感激陈老师，觉得陈老师没有在全班面前让他们难堪。

在陈老师看来，"无声教育"还是有成效的。陈老师打破了以往那种"犯了错误就批评"的思维模式，注意和学生多交流，希望学生把他不对的地方提出来，互相监督。

当孩子犯错时，适当给他们一些"台阶"下，多一些包容，可以收到意想不到的效果：一来有助于树立孩子的自尊心和自信心，把尊重、理解和信任留给孩子，能使孩子从自卑感和恐惧感中解脱出来，减轻他们的心理压力。另外，还有助于培养孩子的自觉性。一些孩子的自控能力较差，犯错就挨批评，很容易让他们产生"破罐子破摔"的消极态度，而"无声教育"能缓解这种现象，看似"无言"，却蕴含着独特的力量——孩子有所领悟，自然就懂得控制自己的行为了。不但老师要学会运用"无声教育"，父母更要学会"无声教育"。家庭是孩子的第一个课堂，父母是孩子的第一任老师，孩子的启蒙教育就是通过父母的教导完成的。家庭成员的行为、习惯，都会影响到孩子的未来。

相当多的父母在教育孩子时容易走进误区，要么是过分溺爱，要么是过分严厉。这两种方式对孩子的成长都是不利的。过分溺爱会造成孩子的性格缺陷，让他们无法直面挫折；而过分严厉则给孩子的心理造成很大压力，如太过于关心孩子的学习成绩，把自己的意志强加给孩子，想把孩子打造成"完美神童"，一旦孩子无法达到要求，就采用暴力手段，非打即骂，时间长了，孩子的抵触情绪会日益加深。

其实教育孩子不需要太多的方法，只要运用恰当，父母是可以很省力的。

玲玲小时候不太懂事，总是跟妈妈顶嘴，批评了很多次她都不改。

有一天，妈妈发现玲玲的房间凌乱不堪，玩具和书散落一地，脏衣服堆在床上。妈妈让她整理好房间，可是她非但不整理，还跟妈妈顶起嘴来。妈妈虽然生气，但是没有像以前一样责怪她，而是平静地看着玲玲，脸上没有任何表情。到了晚上，玲玲在睡觉前递给妈妈一张字条，上面写着："妈妈，我错了，不该惹您生气，下次我一定好好收拾房间，原谅我吧，对不起。"妈妈很惊喜，没想到自己的沉默竟然让孩子醒悟了。看着忐忑不安等待自己回答的女儿，妈妈笑着说："知错能改就是好孩子，你还是妈妈的好女儿。"玲玲也开心地笑了。

于是，在以后的生活中，如果玲玲有什么地方做得不太好，妈妈只要静静地看她一眼，她马上就能明白妈妈的意思，然后妈妈再告诉她错在什么地方，应该怎么做。慢慢地，玲玲变得自律了。

孩子需要我们的理解和宽容，他们不喜欢听父母的责骂或唠叨。适当的"无声教育"对孩子的成长很有意义，用沉默代替批评，可以培养孩子的自觉性。

有人说过，真正成功的教育是让孩子感到父母不是在教育他，而是在帮助他、引导他。如果孩子意识到父母是在"教育"他，那么"无声教育"就是失败的。我很赞同这种观点。

在中国，提到"教育"这个词，似乎很大程度上就是"教训"，"无声教育"正好能消除这样的错误观点。孩子心里没有留下被"教育"的痕迹，只深切地体会到了父母和老师的关心，这样的孩子得到了爱，也会爱别人。相反，如果孩子没有体会到被爱的感受，那么他会感到自己是孤独的，自然不能学会爱其他人。

"润物细无声"，既然春雨可以滋润土地，那么我们的教育也能滋润孩子的心田。"无声教育"可以使父母成为孩子成长道路上最好的老师。

六、榜样的力量是无穷的

有一段时间，轩轩迷上了阅读名人传记，那一个个鲜活的形象、一件件感人的事迹，以及主人公坚定的信念和付出的艰辛，让他热血沸腾。之前懒散贪玩的轩轩居然变得爱学习了，跟爸爸妈妈讲话时也不再是不耐烦的表情。

妈妈夸赞他："很有进步嘛，不错！"

轩轩笑了："我这是向偶像学习，总有一天我要超越他。"原来轩轩崇拜上了大科学家爱因斯坦，他正努力追赶爱因斯坦的脚步，也想成为一名科学家。

看来，枯燥的教育远比不上一个榜样带来的力量，正是应了那句话：榜样的力量是无穷的。

人的一生总会有一两个甚至更多的人给予自己指引，这对人的成长过程影响深远，会不断地激励他勇往直前，这就是榜样的力量。作为社会群体的一员，我们不是孤立的，在生命过程中出现过的人都可能成为榜样。榜样的力量无穷无尽，他们就像标尺，丈量我们人生的准则；又像画笔，为我们勾勒出美好的图形。

一位美国著名的剧作家在回顾他的成长历程时深情地说："我要感谢我的父亲和母亲，是他们的言行让我得到人生第一笔财富，也是在他们的指引下，我才能在通往成功的路上越走越远。"这位剧作家坦言，是父母的共同努力，让他在创作的道路上越走越远。所以，榜样不一定要有多伟大，平凡的榜样也能让人感动。

孩子出生后，接触到的第一任老师就是父母。孩子的幼小心灵是一片纯净的天空，他们的特点是善于崇拜、善于模仿，他们很容易崇拜在他们心里有特殊地位的人，进而模仿他们的言行。我们对孩子的养育过程，也就是对孩子开启启蒙教育之门的过程。

我始终相信，父母的言行举止在不经意间就能影响到孩子。父母都希望给孩子指引出一条光明大道，如何成为孩子的好榜样，的确值得所有父母思考。

俗话说"言传身教"，其实"身教"更重于"言传"。但在现实生活中，父母往往不注意"身教"的作用。父母必须注意自己的修养，没有人会相信一对满嘴粗话、举止粗鲁的父母可以培养出绅士般或者淑女般的孩子。孩子是好奇和单纯的，不懂得社会是什么样，也分不清什么是善，什么是恶，他们需要父母的良好引导。

记得一天晚上带女儿散步，她随手捡起了路边的废旧矿泉水瓶扔进垃圾箱，我很欣慰地问："为什么要这么做呢？"女儿回答道："你不是也经常捡路上的垃圾吗？你还说过，要爱护环境，从小事做起，在学校，老师也是这么说的。"

从这件事中，我深刻地体会到了"言传身教"的意义。如果父母经常随地乱扔垃圾，孩子也会跟着学；如果父母随口说出一句抱怨的话，哪怕是无心的，孩子也会放在心上。

有一个女孩用厌恶的眼神看着在放学路上沿街乞讨的乞丐，哪怕是从他们身边走过，她也会捂着鼻子，然后拍拍衣服，唯恐沾上什么不干净的东西。有一次，我问她为什么这么做，她说："我妈妈总说乞丐又脏又恶心，让我离他们远点儿。"

可见，父母在孩子心中的位置多么重要，只是一句话而已，却使孩子有了"疏远"的概念。

父母的指引作用不容小觑，而营造和谐的家庭氛围尤其重要，若家庭成员间互相尊重，互敬互爱，则有利于帮助孩子形成开朗乐观的性格。

捷克教育家夸美纽斯说："应该像尊敬上帝一样地尊敬孩子。"这句话说明，父母要给孩子足够的信任和尊重。人都渴望得到赏识，从精神层面来说，幼小的生命出生后不是为了得到责骂而生活，而是希望被理解。孩子身上有许多不容易被发现的闪光点，在必要的时候，我们要不断给予其鼓励和支持。

给孩子鼓励能帮助他们很快地树立信心，对生活充满热情，从而能全身心地投入生活，更好地领悟到生活的真谛。

韩俊垚非常活泼好动，不太愿意去学校上课，课余时间就是看电视、上网玩游戏，经常不按时完成作业。老师多次找韩俊垚的父母"告状"。针对这种情况，韩俊垚的父母并没有一味地呵斥和指责，他们不断激励儿子，使孩子树立起学习的信心。通过这种方法，韩俊垚的成绩上升很快，不仅能自觉学习了，而且和父母的关系更加亲密了。

试想，如果韩俊垚的父母不分青红皂白地打骂他，说不定他会更加不喜欢学习，更别提和父母成为朋友了。因为父母对孩子的斥责是基于不平等的地位的，所以要想让孩子信任父母，父母首先要做的就是给孩子同等的尊重。

在生活中，有很多人能成为孩子的榜样。榜样的力量是无穷无尽的，孩子一般不喜欢教科书一样长篇大论的说教，他们更能接受真实的人物事迹，用榜样的力量来传播道理、慰藉心灵。帮助孩子找到一个合适的榜样很重要，榜样身上折射出的光芒会让孩子受益终生。

体育名人、科学家中，有很多可以成为孩子的榜样。不是每个人都天赋异禀，成功者可能仅仅是比普通人多了一些努力，才使他们最终能站在令世界瞩目的位置。

例如，跳水运动员郭晶晶拿过无数金牌，得过无数奖项，但鲜为人知的是，她也曾在跳水比赛中有过畏惧。正是因为她战胜了自己的恐惧，勇敢地迈出了第一步，才赢得了"跳水皇后"的美誉。

两次获得诺贝尔奖的居里夫人，就有着不懈的追求和坚定的信念。她经历过许多次失败，克服了常人想象不到的困难，最终成为成功女性的先驱，她的事迹更是激励了很多人。

我经常把这些励志故事讲给我的孩子和学生听，希望他们能成为那样的人。

社会是复杂的大课堂，其中不乏一些反面教材。孩子的心智没有完全成熟，对是非对错的辨别能力非常弱，很容易因为一些"偶像"和所谓的"榜样"而养成不良习惯。好的榜样使人进步，坏的模仿对象则值得父母警惕。所以，父母要帮助孩子把好和坏区分开来，并帮助他们树立榜样。

要想给孩子树立好的榜样，父母必须要以身作则，做合格的家长，教育优秀的孩子。用好的榜样给孩子力量，让他们健康成长吧。

七、让孩子从逆反的"泥沼"里爬出来

"逆反期"几乎是每个孩子都要经历的时期，只不过有的孩子表现得比较强烈，而有些孩子表现得稍弱。无论是哪一种情况，如果不对孩子加以正确引导，都会导致他们产生偏执、冷漠、多疑、不合群、对抗社会等病态性格，从而使他们的理想破灭、信念动摇、学习被动、生活萎靡、意志衰退等，严重者还可能向犯罪心理和病态心理转化。

所以孩子的"逆反期"是父母必须非常重视的一个时期，并且要想出合理有效的办法，帮助孩子度过这个特殊的人生时期。

在孩子的"逆反期"，父母要多和孩子心平气和地在感情上沟通交流，因为人与人之间情感的交流是人类的本能需求。孩子在青春期尤其希望能和父母进行沟通，所以父母要多给孩子一些沟通的机会，聊一些孩子感兴趣的话题，给他一些感情上的支持和鼓励，对他所做的事情要多肯定、少否定，千万不要言辞激烈地指责和批评他。

程程今年 15 岁，是一名初三学生，逆反心理很严重，经常逃课去网吧玩游戏。因为马上就要中考了，所以父母非常关心程程的学习，他们希望程程能够考进重点高中，可是看现在这个情况，估计程程连普通高中都不一定能考上。因此，程程一回到家，父母就督促他赶紧学习，少去网吧，还规定程程必须几点回家，但是儿子没有一次听父母的，照样逃课去网吧。

一天，程程的父母碰到我，把他们对儿子的担忧和烦恼全部讲给我听。我听完之后，问他们："你们每天用多长时间和孩子说话？"

他们想了一下说："也就十多分钟吧。我们每天工作那么忙，哪有时间和他谈话？再说孩子也大了，有他自己的想法，你说多了他烦，你说的不顺他的心，他也烦。最重要的是每次他回家的时候已经很晚了，我也很累了，骂他几句就完了。我对这个儿子真是太失望了。"

我有些不确定地问他们："这十多分钟你该不会就是对儿子说教或者是训斥他吧？"

他们点点头说："是啊，那还能说什么？"

　　我给他们提建议说："你们能和孩子聊的东西很多，比如他的兴趣、爱好之类的，你们还可以经常抽出一些时间和孩子一起打打球，做做运动，增进亲子互动。不要一直批评程程，而是要看到孩子好的方面，每天表扬表扬他，鼓励孩子多去和同学参加集体活动，把他的身和心都从网吧拉出来。"

　　"这能行吗？"程程父母怀疑地问。

　　"你不试试怎么知道不行呢？而且你们做父母的都没有想过吗？明明家里就有电脑，程程为什么一定要去网吧，是不是你们哪里做得欠妥，让孩子宁愿待在外边也不愿回到家里？你们没必要每天都逼着孩子考重点高中，这样只会让他和你们对着干，对孩子一点好处都没有。你们不如试着和孩子好好沟通一下，问一下孩子的意愿，然后做决定。现在最重要的不是孩子的升学问题，而是他的心理问题。"我说出了自己的想法。

　　程程父母沉思良久，终于吐出一口气说："也许你说的是对的，是我们没有和孩子好好沟通过，把孩子逼得太紧了。也许从现在开始，我们应该去发现孩子身上的优点，学着去表扬他、肯定他。"

　　程程父母回去之后，果真开始按他们自己说的那样，试着表扬和肯定孩子的闪光点，每个周末还会抽出半天的时间和孩子一起去做运动。刚开始的那两个星期有些困难，他们不知道怎么去表扬和鼓励孩子，总觉得自己像在演戏一样。后来他们让自己从内心深处肯定自己的孩子，用更多的时间去观察孩子，只要发现孩子的一点进步，他们就会找出来，然后对儿子表扬一番。

半年时间过去了，程程看到了父母改变的诚意，自己也开始慢慢地改变，虽然偶尔还是会去网吧，但是已经不再逃课了。他虽然第一年没有升上高中，但是经过又一年的努力，他考上了一所普通高中，而且是以学校第一名的成绩考进去的，还获得了学校给新生设立的奖学金。

程程父母对这个结果已经很满意了，事后他们对我说："孩子能变好，变得真正快乐，和父母关系亲密，是最重要的。我们相信自己的孩子即使在一所普通高中也一定能考上名牌大学，因为现在的他比之前的任何时候都更努力自信！"

随着接触范围的扩大和知识面的增加，孩子的内心也会随之变得丰富起来，形成自己的价值观，而孩子的这种价值观如果和父母的价值观不同，就会遭到父母的反对和不理解。父母如果注意不到孩子心理上和生理上的变化，只是简单生硬地管教孩子，就会造成或者加剧孩子的逆反心理。

这个时期的孩子虽说心智比较成熟，自我意识发展了，但他们的自我控制能力还是很差，常会无意识地违反纪律。所以父母在了解了孩子的这些特殊时期的特殊个性后，就不能再简单地应对了，而应该多和孩子沟通，加深对他们内心的了解，鼓励孩子改正错误，肯定孩子付出的每一次的努力，让孩子从逆反的泥沼里爬出来，走上正确的人生之路。

八、引导孩子走上正确的交友之路

人一生最持久、最纯真的友谊应该是在童年建立的，童年时期的玩伴很有可能成为一生的朋友。如果父母因为害怕孩子受伤害，就尽量减少孩子跟别人接触的机会，那么既不能做到真正保护孩子，又严重影响了孩子的社交能力。

交到好的朋友能使孩子受益终生，但是一旦交上不良的朋友则会后患无穷，所以父母引导孩子走上正确的交友之路很重要。

要引导孩子走上正确的交友之路，首先应该教会孩子树立正确的交友观。什么是"正确的交友观"呢？它不是那种为了交朋友而交朋友的观点，而是在和谐的交往中，逐渐建立起良好的朋友关系。只有多接触，才能深入了解对方，才能相互取得信任。

肖红放学回家后满脸的不开心，小脸涨得通红，眼泪都快流出来了。妈妈一问才知道，原来她上课不认真听讲，和旁边的同学聊天，当班长的同桌就给她记在本子上了，说是要报告老师，肖红觉得很委屈。

听完肖红的话，妈妈明白错在女儿身上。妈妈告诉肖红，上课和同学聊天是不对的，不但影响了自己学习，还会影响别的同学听老师讲课。妈妈说："你想想，既然你这么做是不对的，那同桌纠正你的错误对不对呢？同桌的方法可能欠妥，但你要跟她保证以后不会再犯了，争吵是没办法解决问题的。"

肖红若有所思。第二天放学回到家，她快乐的表情又绽放在脸上了，说："妈妈，我跟同桌讲和了，我跟她保证以后上课不再聊天，她也跟我道歉说她的态度不好，让我原谅她呢。""我们已经成为朋友啦！"肖红补充道，还调皮地吐了吐舌头。

因为孩子的成长环境和所受的家庭教育不同，所以孩子的性格、处事方法都是不一样的。例如，肖红和她的同桌开始就因为性格的差异造成了误会，后来通过沟通交流彼此和解了。父母不应该强硬地干涉，而是要尊重孩子间的这种不同。

很多父母希望孩子和志趣相投的人交朋友，这样做有很大的局限性。我认为，孩子应该和有不同兴趣爱好的人交往，这样才能拓宽视野，挖掘出对新事物的兴趣。另外，以后孩子走上社会，会接触到各种各样的人，如果不让孩子学会和不同的人相处，那么孩子一旦进入社会，是很难和别人相处融洽的。

走上正确的交友之路，还需要让孩子多和伙伴接触，给孩子充足的选择空间。孩子需要自己选择一些事情，所以尽量让他们自己选择朋友，最好是让他们懂得哪些人是可以成为朋友的，哪些人则不值得交往。不过，父母也不能完全放任不管，父母需要了解孩子都有哪些朋友，如果孩子不能很好地辨别朋友的好坏，就需要父母适当地给予帮助。

在这里我举两个例子。

有一个叫张鹏的男孩，今年读高一。和很多孩子一样，张鹏迷恋上了网络，并在网上交了很多朋友。这些朋友中，有一个男孩子跟张鹏的关系尤其好，两个人几乎无话不谈。那个男孩初中毕业就辍学了，现在在一个工地打工，张鹏一有时间就去工地看他，一起吃饭、聊天。张鹏的父母非常担心张鹏误入歧途，因为有太多的孩子因为沉迷网络而把自己的一生都给毁了。父母多次劝诫张鹏不要再和这个人来往，可是张鹏非但不听，反倒变本加厉了。

父母跟张鹏说过很多次，那个孩子都辍学了，你还有大好前途，你们根本就不是一类人，他会把你带坏的，可张鹏就是听不进去。于是，张鹏的父母决定想办法找到那个孩子，让他别纠缠张鹏了。

张鹏本来是个很听话的孩子，从不需要父母监督，每件事也都能处理得很好。但经过父母的强行干预，张鹏的叛逆心增强了。而且，父母的话中时时透露出对那个孩子的歧视和自己的强势，认为这事"非管不可"。在没完全了解情况的前提下，父母不但没有跟张鹏好好沟通，反而用了粗暴的方法。试问，有谁希望别人粗暴地干涉自己珍贵的友谊呢？父母这样做无异于火上浇油，使孩子跟父母的关系更紧张了。

另一个家长处理这类问题时就很妥当。

这个家长的儿子认识了一个朋友，两个人的关系很亲密，当儿子把这个朋友带到家里的时候，妈妈发现那个孩子有很多不好的习惯：喜欢跟人争辩，不讲究卫生，没有礼貌，而且没经允许就乱翻别人的东西。他跟儿子提出了这些问题，但是没有强硬地要求儿子和这个孩子断绝往来。很快地，他的儿子也发现了朋友的粗俗无礼，就自动地和对方疏远了。

对于帮助孩子选择朋友这件事，父母一定不能操之过急，否则会增加孩子的逆反心理，让孩子听不进去劝告。父母要先问问自己跟孩子的沟通方式是否正确，没人愿意要蛮横的父母，所有的孩子都希望父母能理解自己、尊重自己。

此外，父母也要为孩子创造良好的择友条件。古语说得好："近朱者赤，近墨者黑。"每个孩子在上学前，受家庭影响是最大的，因此需要父母做一个好的榜样。平时多带孩子参加一些朋友聚会，用自身行动告诉孩子如何建立友谊并保持下去，孩子能从中学会很多东西。

友谊是一份珍贵的礼物，人在社会中生存，必须要有朋友，尤其是要有知心朋友。和真正的朋友在一起共同成长、互相激励是一件美好的事情。有了朋友，就有了相伴前行的动力；有了朋友，就有了心灵的驿站。朋友带来的力量是让人吃惊的。

第 九 章

自己人效应：让孩子把你当自己人，不知不觉打开话匣子

如何说孩子才会听，一直是让父母倍感苦恼的问题。其实，要解决这一难题很简单，运用"自己人效应"，让孩子把你当自己人，这样孩子就会不知不觉地向你打开话匣子。那么，如何让孩子把你当成自己人呢？可以多与孩子聊聊天、善于倾听，为孩子当援手，信任孩子……

一、多和孩子聊聊天

在父母看来，聊天就是说一些无关紧要的闲事，但是对于孩子的教育来说，父母不可小看聊天的作用。父母要想真正地了解孩子的心情，就应该经常和孩子聊天。通过聊天，了解孩子内心的真实想法，并把对孩子的关爱潜移默化地传递给他。如果父母不注重和孩子聊天，就无法了解孩子的需求，当孩子一天天长大，不愿再听父母的话时，就会慢慢地和父母疏远，使父母和孩子之间的交流和沟通变得非常困难。

父母与孩子能敞开心怀随便聊天，彼此间就会建立起一条进行精神交流的绿色通道，和孩子成为"知心朋友"，孩子也更愿意接受父母的

想法。

婷婷和妈妈一起坐车出行,她问出了一句藏在心里很久的话:"妈妈,我们家为什么不买一辆更大一点的新车呢?"妈妈回答说:"你说得很对,我们家是应该买一辆更大、更气派一点的车了。但是,如果我们急于换车,我和爸爸就得找几份兼职,那样我们将不能有这么多的时间和你在一起。如果让你二选一:买车或经常有爸爸妈妈陪伴,你会选择哪一个?"婷婷毫不犹豫地回答道:"那还用说吗?我当然要经常与爸爸妈妈在一起。"

婷婷和妈妈的这番对话,使他们在家庭生活方式的选择上获得了一致意见。如果妈妈为买车拼命地工作、赚钱,失去了和孩子在一起的时间,那不是得不偿失吗?

父母与孩子增进了解的方式有很多种,其中最重要的就是在与孩子相处的过程中轻松愉快地进行朋友式的交谈,让家庭充满幽默感、亲切感,能随时解决孩子的困惑和疑问。

有的时候,孩子在外面有了不愉快的事,回到家时不知道怎么和父母说,父母应主动地与孩子谈话,这种谈话的内容应该尽量具体。如果父母问:"今天在学校除了上课还做什么了?"孩子的回答可能就是短短的一句话:"没做什么呀。"这样的谈话是空泛的,也是没有针对性的。

父母要问一些有针对性的具体问题,使沉默不语的孩子开口说出心里话,如"下课时,你经常和谁一起玩?"或者"最近你们的语文课有教新鲜的东西吗？说给我听听。"这样的问题，比较容易引发孩子在叙述具体事件时把心中的不快讲出来，便于父母进行正向的疏导。

如果孩子实在不愿意谈自己心中的不快，父母也不要追问，要用亲切的口气对孩子说："不急，你什么时候告诉我都行。"让孩子知道父母任何时候都可以听他倾诉，他心里会感到十分温暖，情绪马上就会好转。

对于性格内向的孩子，父母要善于启发他们的聊天意识。父母可以安静地陪孩子坐一会儿，摸摸他的头，让他放松下来，这样孩子才愿意与父母聊天。当然，所有这些都必须建立在父母信任孩子、理解孩子的基础上，无论发生什么事情，父母都不要不问缘由地横加指责，而是把在孩子看起来是个"大难题"而实际上却是个"小问题"的问题解决好。

与孩子聊天时，父母不要面无表情，尤其是父亲，不能一副冷若冰霜的样子，任何情绪都不在脸上显示出来。身为父母，如果与孩子交谈时面无表情，孩子就无法从表情中了解父母的心思。因此，父母在面对孩子的时候，一定要全身心地投入，该笑的时候就开怀大笑，该使用肢体语言时也不用多加限制，感情表现得越积极，越能让孩子了解父母内心的感受，孩子才会更容易接受父母的想法。

父母在和孩子聊天时，不用特意营造一种聊天的场景，随意地聊天能让孩子更愿意向父母吐露自己的心事。例如，和孩子一起看电视，一起进行体育活动，一起购物，一起走亲访友时，可以谈起学校里发生的事情、孩子与同学之间的交往等，看似是随便聊聊，但是能从中更好地了解到孩子的情况，使父母能随时随地地对孩子进行引导和教育。

父母与孩子的情感交流是相互的，不能一味地要求孩子向父母说出心里话，父母也应该主动地将自己的喜怒哀乐通过聊天的方式告诉孩子，并试着征求一下孩子的意见，使孩子感到自己在家中的位置很重要。

总之，如果你想让孩子把你当成自己人，向你吐露自己的心事和秘密，你就多和孩子聊聊天。这是一种既实用又行之有效的方法。

二、善于听出孩子的弦外之音

相信很多成年人都有这样的经历：有时候会因为不好意思，而选择用一种很隐晦的方式表达自己想说的话。其实，不只是成年人，孩子也会有这样的时候。随着年龄的增长，孩子的语言表达能力会不断提高，他们希望得到话语权，希望被尊重、被认可，尤其是对于父母，他们的期待也就更多一些。但是有些时候，孩子又常常会出于一些特殊的原因，不愿意将心中的想法直接告诉父母，而是用一些特别的手段。此时，父母应该细心观察孩子的举动，揣摩并理解孩子的弦外之音。

李铮是某市重点中学的一名学生，不仅在班上担任班长职务，还在校学生会任职，是一个出类拔萃的学生。可最近，向来自信乐观的李铮却有了心事。原来，他在不知不觉中对班上的一名女生产生了好感，他觉得有些困惑和迷茫，于是想把自己的心事跟妈妈说说。

一天晚上，妈妈正在电脑前加班，看妈妈已经快忙完了，李铮走过去，没有直接说自己的事情，却试探性地问："妈，你累了吗？"

"儿子，妈妈不累。"

"妈，你晚上回家还要工作，一定很辛苦，我给你捶捶背吧！"

"儿子，妈妈知道你懂事，可妈妈现在还没忙完呢。"听了妈妈的话，李铮知趣地走开了。后来，妈妈转念一想，觉得儿子今天的举动有些异常，应该是有什么事情想跟自己说。于是，她放下了手中的工作，说："儿子，妈妈忙完了，你有什么话想跟我说吗？"

于是，李铮把自己的问题和困惑向妈妈诉说了一番，经过妈妈的开导和教育，他顿时觉得轻松了很多。

在日常生活中，父母要多关心和了解孩子，尤其对于那些性格偏于内向、说话喜欢拐弯抹角、不善于表达的孩子，父母在交流的时候尤其要注意观察。这类孩子的内心想法和感受可能不像自己表达的那么简单，也许有着更深层次的内容。

另外，父母还可以通过孩子的一些肢体语言、情绪以及习惯的突然变化来推测孩子是不是话里藏话。例如，一个平时大大咧咧的孩子突然说话小心翼翼，这时候父母就要留意了，孩子心里可能还有一些无法直接开口的话等你去听呢。

只有听出了孩子所说的话的弦外之音，才可以更好地了解孩子的需求，有针对性地帮助孩子解决问题。

其实，要做到这些也不是很难。下面是给父母的一些技巧：

第一，要认真倾听孩子诉说。只有认真地倾听孩子说话，让孩子感受到父母是关心他的，他才会慢慢地打开自己的心门。如果一开始就不认真听孩子诉说，孩子也会将父母拒之门外。

第二，在与孩子的交流中，要仔细观察孩子的表情、肢体动作等。孩子的内心其实是藏不住事情的，稍微有风吹草动，就会在情绪上或者肢体上表露出来。只要父母细心地观察和留意，一定可以感知到孩子内心的事情。

第三，多站在孩子的角度想问题。孩子问问题的时候多半是从自己的角度出发的，如他们问父母每年被遗弃的孩子有多少，其实，他们关心的并不是这个，而是自己会不会被遗弃。

每个父母都想通过和孩子的交流走进孩子的内心世界，那么就请父母多观察孩子，留心孩子的动作和神情，善于倾听孩子说话时的弦外之音吧。

三、尊重孩子的话语权

露露是个小学生，今年已经上四年级了。她从前是个活泼开朗的孩子，不过现在总爱一个人发呆。为什么会这样呢？露露的老师经过几次家访，才知道露露为什么会变得如此沉闷。

原来，以前露露有个习惯，每天放学回家之后，就会兴高采烈地把学校里发生的趣事都说给爸爸妈妈听，但是露露的爸爸妈妈只关心露露的学习，对露露说的那些事情毫无兴趣，甚至觉得露露的那些话一点儿用都没有，简直就是在浪费时间，大多数的时候都会阻止露露说这些学校里的故事。刚开始的时候爸爸妈妈阻止露露的态度还比较温柔，妈妈会蹲下来，对露露说："好了孩子，不要说了，去看书吧，乖！"这时候的露露也只是悻悻地回到自己的房间中。

有一次，露露又忍不住说了班级里发生的事情，正说得兴高采烈之时，性格本来就有些粗暴的爸爸突然打断她："跟你说过多少次了，让你别说那么多废话，你还说，有完没完啊，写作业去！"露露被吓坏了，没说完的话也不敢说了，心惊胆战地回到了自己的屋里。

后来，露露在家里的话越来越少，她的学习成绩也没有因此而提高，性格却变得越来越沉闷。

露露这样的情况并不少见，很多父母都不重视孩子说的话。父母总是以大人自居，自以为是地认为小孩子就应该怎样怎样，甚至用自己的意见来教训孩子，这些做法都是非常不妥当的。亲子之间的沟通交流是影响亲子关系、影响孩子性格发展的重要因素。

很多家长会习惯性地忽视孩子讲的话，不尊重孩子的话语权，不重视倾听孩子的心声，时间久了之后，就会严重地影响亲子关系。

更为严重的是，话语权得不到尊重的孩子，慢慢地就不再跟父母分享自己在生活和学习中遇到的问题了，作为父母也就很难知道孩子心里真实的想法，而这样对孩子的教育也是非常不利的。

美美9岁了，上小学三年级，平时就是一个安静内向的孩子，很少主动去找父母说自己的心事。有一次，数学考试不及格的美美被老师当着全班同学的面讥讽为白痴，美美很伤心。回到家里，美美很想跟妈妈说说今天在学校发生的事情。

"妈妈，我有事情想跟你说。"

"学校里的事情吧？不是说了吗，不要每天回来就一个劲儿地讲你们学校里的事情。"

"可是，妈妈……"

"好了，美美，妈妈很忙，去写作业吧。"

美美默默地回到了自己的房间。想想白天发生的那件事情，她很害怕第二天的数学课。

从此以后，每次上数学课，美美都担惊受怕，数学成绩也因此一落千丈。

试想一下，如果在那天晚上，美美的妈妈没有以忙为借口不听美美说话，事情又会是怎样的呢？也许妈妈就会了解到美美对数学课的恐惧，会开导她，帮助她正确面对。

不尊重孩子的话语权，也会影响孩子的其他能力。父母如果不能尊重孩子的话语权，想打断就打断，一方面不利于孩子语言能力的提高，另一方面也容易让孩子产生自卑心理。所以，尊重孩子的话语权，让孩子自由地说出自己内心的想法，对孩子的成长至关重要。

下面总结了一些父母习惯性的不当行为，可以对照一下，看看你是否也有类似问题：

第一，从来都不注意孩子倾诉的需求，当孩子主动找你说话的时候，总是以忙为理由不愿意去倾听。

第二，当孩子兴致勃勃、滔滔不绝地讲话时，你总是习惯性地打断。

第三，能够在生活方面将孩子照料得很好，但在真正平等地对待孩子、注意孩子自尊心方面做得很不够。

第四，如果孩子在学习和生活上有问题，不愿听他们的倾诉，更不愿意帮他们分析原因。有时根本不等孩子把话说完，轻则呵斥，重则打骂，孩子也就只好将话咽了回去。

父母在教育孩子的过程中应该尽量避免出现上述的习惯性不当行为。我们都知道，人和人之间的沟通就是倾听和诉说的过程，如果父母不尊重孩子的话语权，无疑是在自己和孩子之间筑了一堵厚厚的"墙"。

如果想要孩子敞开心扉和自己聊天，那么就先从尊重孩子的话语权开始吧。

四、孩子为何不告诉你，他在想什么

著名教育家魏书生说过："走入孩子的心灵世界中，你会发现那是一个广阔而迷人的新天地，许多百思不得其解的教育难题都会在那里找到答案。"可是在现实生活中，很多父母都遇到过这样的难题：别说是走进孩子的内心，就是走近孩子的身边，孩子都会表现出十二分的不耐烦。

很多父母会有这样的困惑：孩子和同学、朋友甚至网友都能侃侃而谈，唯独对自己惜字如金。一旦问得稍微多一些，孩子极有可能会把父母顶撞得哑口无言。很多父母都有这样的感慨：不知道孩子在想什么，明明孩子近在眼前，却仿佛远在天边。

父母迫切地想要把自己的担心和忧虑告诉孩子，也希望孩子能将他们的想法及时告诉自己。可是，父母越是耳提面命、谆谆教导，孩子表现得越叛逆，甚至在内心对父母竖起了一堵高高的"墙"，表示他根本不想让父母走进自己的世界。

有位老师问班上的一名学生："你和你父母的关系融洽吗？"那位同学很无奈地说："老师啊，我现在和父母之间的沟通越来越少了。每天回到家之后，我都会将自己关在房间里，除了吃饭，我和父母都不怎么说话。"

为什么孩子不喜欢和父母说话？在老师的继续追问下，这位同学道出了实情："和他们说话，总像是在接受命令。他们不想了解我的心思，我也就不想和他们说了。"

看到这里，也许很多父母会感到很诧异，因为他们多半都认为自己做得很到位：我天天在跟孩子说，你要好好学习啊，将来一定要考大学啊，一定要有出息啊，可千万别走某某的老路啊……难道这不是沟通吗？还有父母觉得，自己整天跟孩子在一起，陪着他写作业，为他整理书包，难道这不是交流吗？

实际上，问题的关键在于，父母习惯将自己的教训、命令、责骂都认为是沟通。事实上，这根本就算不上沟通。沟通是双向、互动的，但是父母习惯用单向的、带有指令式的方式和孩子进行交流。虽然父母倾注了全部的关心和孩子进行"沟通"，但苦口婆心换来的却不是好的结果。

这成为一种无法调和的矛盾：孩子总认为父母不了解自己，而父母却总是抱怨孩子不对自己说心里话。纵然父母有为孩子热忱服务的心，孩子也会感到困惑和无力，甚至会感到痛苦和焦虑。

沟通出现了断裂，教育自然难以施行。那么孩子为什么不愿意告诉父母自己在想什么呢？

第一，父母不能放手让孩子自己成长。很多父母喜欢事无巨细地替孩子考虑问题，当孩子要独立做某件事时，就会表现出不信任，这让孩子十分苦恼。他会用强烈的反抗来表达自己的不满，而父母却很少在乎孩子的这些情绪，反而会用强势的态度来压制他。如此一来，孩子就会觉得父母不理解自己，不会再对父母敞开心扉。

第二，教育没有针对性。很多父母都喜欢用大众化的教育方式来教育孩子，喜欢盲目跟风，从来没有深入了解过自己的孩子，更谈不上与孩子探讨自己的哪些教育方式让他感觉不舒服。事实上，只有最适合的才是最好的，那些不适合孩子的教育方式，只会让孩子不堪重负，感到负累和压抑。

第三，父母喜欢想当然，自以为是。很多父母在与孩子交流的时候，总是想当然，表面上看起来是在与孩子平等地交流，可实际上却仍然习惯将自己的想法灌输给孩子，期望孩子听话。如此一来，孩子自然不愿意再和父母沟通。

第四，沟通方式有问题。妈妈的唠叨、爸爸的训斥，都是孩子极为反感的，可是大多数父母除了这两种方式外，就没有其他的沟通方式了。

所以，要想让孩子告诉父母他内心的想法，首先必须以信任的态度来对待他，与孩子平等相处，保持一种轻松愉快的气氛，和孩子进行一种朋友式的交谈，这样更容易拉近与孩子之间的距离。

在和孩子交流的时候，一定要用信任、亲切的眼光注视他，让他感到父母在认真听，千万不要表现出漫不经心的样子，那样只会让孩子的内心非常沮丧，孩子当然就不再愿意对父母敞开心扉了。相反，如果孩子觉得父母很重视自己，就会变得主动起来，愿意向父母诉说关于自己的事情。

五、学会倾听孩子的意见和感受

一个周末，牛牛妈妈和牛牛一起吃早餐。可是十分钟过去了，牛牛面前的食物一点儿都没动。他抬起头对妈妈说："妈妈，我今天可以不吃早餐吗？"妈妈沉默了一下，心想是不是每天喝牛奶、吃面包，孩子厌烦了，应该给孩子换换口味。

妈妈微笑着对牛牛说："是不是今天的早餐不好吃啊，妈妈给你炸火腿肠好不好？"

"不吃不吃！我就是什么都不吃！"牛牛的态度很强硬。

妈妈不再多说什么，自己匆忙吃了早餐，带牛牛出门上兴趣班。在送孩子去兴趣班之前，妈妈顺路带牛牛去医院检查了一下身体，医生说一切正常，孩子偶尔不想吃饭是正常现象。

下课后，妈妈问牛牛："早上没吃早餐，你饿不饿啊？"

牛牛回答说："我上课的时候就饿了，肚子咕咕叫，我们赶快回家吃饭吧！"

吃饭时，妈妈看着牛牛狼吞虎咽的样子，感到很开心，趁机问牛牛："你这么饿，为什么早上不吃东西呢？"

牛牛放下碗筷对妈妈说："这么长时间了，每天早上都吃一样的，我都吃腻了。"

"那妈妈以后每天尽量给你做不一样的好吗？明天吃蒸包子，后天吃面条，大后天吃饺子，可以吗？但是你要答应妈妈，一定要每天喝牛奶。"

"没问题，一言为定！"

什么是良好的亲子关系？我想，牛牛和妈妈之间的相处方式就是一个比较好的答案。

耐心地倾听孩子的意见，认真地体会孩子的感受，仔细地应对孩子心理和生理上出现的变化，这是为人父母在与孩子相处的过程中应该遵守的基本准则。

我的身边经常出现这样的情况：父母因为害怕失去权威，所以常常以"领导者"的身份和孩子相处，从而使亲子关系变得很紧张。假如那天牛牛不想吃早餐,妈妈偏要强迫他吃,不吃就不准出门,牛牛又坚决不吃,结果会怎么样?只会造成想在孩子面前树立权威,最后却恰恰会失去父母的权威的结果。

因此,我们要走进孩子的世界,和孩子沟通,多倾听孩子的意见,了解他们的感受,这样才有利于建立良好的亲子关系。

我常常听到一些父母抱怨说:"不是我们不想和孩子好好相处,我们也想和孩子亲密些,可是我们怎么都达不到那种亲密的状态。孩子慢慢长大,我们之间的矛盾也越来越突出,这种情况下,我们该怎样处理呢?"

为什么父母和孩子之间会出现这样的情况呢?主要原因还是父母对孩子的心理感受一无所知。虽然造成这种状况的因素有很多,但总结下来,主要有以下三种情况:

第一,父母没有给孩子创造一个可以自由发言的氛围。作为父母,要给孩子营造一个轻松的家庭环境,让孩子能畅所欲言,让孩子在轻松的环境下成长,这一点是很重要的。父母应该少用负面的语言评价孩子,少翻旧账,不要用一成不变的眼光看孩子。

第二,父母没有重视孩子的感受。作为父母,应该以平等的身份和孩子相处。我知道这一点可能有部分父母很难做到,但如果父母能和孩子平等相处,那么在教育孩子的过程中遇到的问题和解不开的困惑,都能迎刃而解。

第三,父母在处理问题时做不到对事不对人。所有的父母在感情上都会无条件地支持自己的孩子，这一点毋庸置疑。事实上，这是一种缺乏理性的行为，因此，父母在教育孩子时难免会摇摆不定，当孩子犯错时，父母要不就"五雷轰顶，闪电下雨"，要不就"睁一只眼，闭一只眼"。正确的做法是，当孩子做错事情时，父母应该告诉孩子他的做法不正确，而不要怀疑孩子的动机和品质。

亲子关系的优劣直接影响到孩子的成长。哲学家尼采认为："孩子与父母的关系决定着孩子将来同社会的关系。"也有很多研究都表明，亲子关系对孩子的性格、心理以及学习成绩都有深远的影响，而这三个方面又跟孩子的未来有紧密的联系。因此，良好的亲子关系对于孩子的成长非常重要。

有没有什么方法能帮助父母建立良好的亲子关系呢？答案是肯定的。

首先，在家庭关系中，父母和孩子要相互尊重，塑造民主、平等的家庭氛围。已经有大量的事实证明，独断专行的教育不利于孩子的身心健康，只有平等地和孩子相处，才有利于孩子的发展。

其次，父母和孩子要有有效的非语言沟通。心理学家经过研究发现，人与人之间只有7%的沟通是通过语言实现的，55%需要借助身体各个部位所做出的反应和动作，38%借助于其他信息，这表示肢体语言在传递信息和感情方面有着举足轻重的作用。除此之外，肢体语言也最能反映一个人最真实的感受。这一研究成果，对父母如何与孩子建立良好的亲子关系有很大的启示。

最后，建立良好的亲子关系。每个家庭都有自己的教育方式，但是想要维持良好的亲子关系，秘诀就在于仔细倾听孩子内心深处的声音。当孩子愿意和父母分享自己的秘密，愿意向父母倾诉内心的想法时，父母应该感到欣慰，这说明孩子把父母当成了好朋友，想要建立亲密的亲子关系。

六、为孩子当援手

对于未成年的孩子，我认为，父母在做好孩子"衣食父母"的前提下，要努力在民主的教养态度下努力去做孩子的良师和益友。首先要保证孩子的身体健康，这是毋庸置疑的。但仅仅做到让孩子吃饱穿暖是不行的，还要努力成为孩子的益友，分享和分担孩子的快乐和烦恼，还要为孩子当援手，引导孩子走上正确的人生道路。

16岁的李泽和父母就像是朋友，他时常和父亲开玩笑，还"称兄道弟"，和妈妈也时常"没大没小"。李泽什么问题都可以和父母谈论，无论是什么事情，父母总是非常民主地听取和尊重儿子的意见。李泽非常感激父母的是，他们总是会在看似漫不经心的聊天中让他受到潜移默化的教育。

有一次，他和父母谈论的"学生恋爱"的问题也让他受益匪浅。

原本对学校某些同学谈恋爱的事情漠不关心的李泽，某一天，突然对同学谈恋爱的事情产生了兴趣。那一次是很要好的几个同学在一起热火朝天地谈论起了这个问题，他也就想起了自己比较有好感的那个女孩。

回到家，李泽就和爸爸妈妈谈起了这个问题。父母听儿子谈到了恋爱这个敏感的话题，没有表现得特别惊奇。爸爸很平静地问李泽："你小子是不是有喜欢的女孩了？告诉我，她是一个什么样的女孩，漂亮不？聪明不？"

李泽一脸淡然地说："可能是我魅力不够吧，还没有女孩喜欢我呢。有没有偷偷喜欢我的，我就不知道了。不过告诉你们一个小秘密，我倒是真对一个女孩有点好感，但我不知道这是不是就是人们所说的那种喜欢。"

"哦，你觉得真正喜欢一个女孩是什么样的？"妈妈问。

"是不是就是想和她在一起，和她一起说话，一起做事？"李泽说不出太多。

"这是每一个人都会经历的事情，你慢慢就会体会到了。我觉得这个时候男女之间的喜欢就像是刚刚熟了的葡萄一样，看上去红得很好看，很诱人，但吃起来还有点酸呢，等过一段时间，葡萄真正熟透了，才会又香又甜，那个时候才是最好吃的。所以，你如果喜欢一个女孩，就要在感情这种葡萄真正熟透了的时候再去采摘。"李泽的妈妈说。

"我想起我在高中的时候喜欢一个女孩，那个时候我就天天想着法儿靠近她，努力争取更多和她在一起的机会。说实话，刚开始她也愿意和我在一起说话聊天，我就差跟她表白了。可是经过交往之后，我慢慢发现我只是被那个女孩美丽的外表迷惑了，实际上她是一个很任性也蛮不讲理的女孩，我发现和她越来越没有共同语言。幸亏我没有跟她表白，我就很自然地和她疏远了。

"现在我明白了，那个年龄很多人所谓的恋爱或对异性的喜欢常常只是昙花一现，往往只是被对方的某一个优点迷惑了，真正深入交往下去，才发现对方身上也有很多自己不喜欢的缺点。这种感情就像美丽的肥皂泡，远看很美丽，但很容易破。当然也有真正情投意合并且很般配的，但那种情况不多……"李泽的爸爸也兴味盎然地谈起了自己的"初恋"。

李泽的父母就是在这种与儿子平等的交流探讨中，春风化雨般地让儿子明白了一些人生道理，让他得到一些有益的启示，而李泽也在这种温馨的交流中，懂得了该如何处理自己与异性的关系，懂得了许多其他的人生道理。

所以，父母应该为孩子当援手，做孩子的良师益友，让孩子在平等的交流中获得许多有益的人生教义。

七、只有足够信任，才会和孩子成为朋友

希望得到别人的信任是一种积极的心态，是一种普遍的心理，也是一个人不断进取、积极向上的内在推动力。父母希望得到别人的信任，孩子更希望得到父母的信任。家庭教育是父母和孩子在共同生活中通过彼此的情感沟通来完成的，父母和孩子的互相信任，是好的家庭教育中的必备因素。

有专家经过调查发现，孩子对父母有一种特殊的信赖感，他们把父母看成学习上的良师、道德行为的榜样、生活中的参谋，孩子想要和父母平等地交流，也想让父母信任他们。孩子会认为，只有得到父母的信赖才是可靠的。

　　在家庭生活中，父母的信任能让孩子感受到平等，从而对父母更加尊重和敬爱，更加服从和亲近，这样就增进了父母对孩子内心世界的观察。

　　反之，如果父母对孩子不信任或者不够信任，就无法了解孩子的真实情感，孩子的自尊心和自信心也会受到伤害。

　　有天晚上，十二岁的小娟走到妈妈的身边，问道："妈妈，如果你看到一个男生给女同学写情书，你会怎么做？"

　　小娟妈妈一听立即就急了："你是不是恋爱了？是不是有男同学给你写情书？"

　　小娟急忙否认说："没有！我只是看到一个男生给我同桌写情书，我不知道怎么处理。"

　　听了小娟的话，妈妈还是有些半信半疑："真的？你没有骗我？你现在还是小孩子，可不能早恋啊！否则这不仅耽误学习，还对你的人生没好处！"

　　见妈妈不相信自己，小娟生气地说："真的没有！妈妈，你怎么这么不相信我！"说完，她就气呼呼地回房间了，妈妈只能尴尬地站在那里。

一般来说，大多数家长听到这样的问题，脑海里立即就会响起警报，然后给孩子负面的回应。比如怀疑地问"你是不是早恋了？""你们才十二岁，懂什么！以后再也不要和男同学来往了。"可是，这样的回应只能增加孩子的反感。

在没有弄明白事情真相之前，父母不能以自己的"想当然"来教训孩子，否则只会使误解越积越深，伤害孩子的自尊心，让孩子心生埋怨。

孩子从懂事开始，就有了独立的思维，跟父母一样渴望被理解、被尊重、被信任。父母不能忽略他们的这种渴望，只有足够信任，才能让父母和孩子成为真正意义上的朋友。

父母在给孩子提供了那么多物质的同时，是不是也要问一下自己：我们究竟给了孩子多少信任？

父母对孩子缺乏信心，是生活中比较常见的现象，即使嘴上经常说信任孩子，但能用实际行动证明的寥寥无几。

信任就是一种尊重，居高临下的教育是苍白的，是不被孩子认可的。如果给了孩子足够的信任，即使孩子遇到困难和挑战，他们也不会退缩，反而会迎难而上，把困难转化为动力。

朋友家的孩子刚刚才8岁，却是一个有主见、自理能力非常强的孩子。这完全要归功于朋友的教育有方，从小时候就锻炼他，很多事情都让他自己拿主意。每次孩子做事，朋友都给予他充分的信任和鼓励，"宝贝，妈妈相信你一定能做好。"

比如孩子想要自己切苹果，朋友不会因为担心他割破手指而阻止，而是在一旁指导，让他慢慢地练习；比如孩子想要自己整理房间，朋友也不会伸手帮忙，而是给予鼓励，让他自己自由地布置。

一次，学校组织春游，孩子回到家之后就兴奋地宣布了这个消息。吃完晚饭后，孩子对朋友说："妈妈，我自己去准备明天需要带的东西。"朋友说："好的，不过你第一次外出，知道要带什么东西吗？"

孩子郑重地说："妈妈，你要相信我，不会有问题的。"

看着孩子肯定的语气，朋友笑着说："好，我相信你！"

正是因为朋友相信孩子，把一些力所能及的事情交给他自己处理，所以孩子充分体会到了妈妈对自己的信任，不仅变得越来越独立、懂事，还愿意信任妈妈、理解妈妈，两人的关系越来越亲密。

对孩子信任，把他们当成朋友，能够激发孩子心中的内在动力。他们会在父母充满信任与尊重的目光中独自面对挑战，并一步一个脚印地走向成功，实现他们心中的理想。我相信，信任能产生奇迹，爱孩子，请从信任他们开始。

八、用温婉的语言架起平等的桥梁

一位从澳大利亚旅游归来的朋友跟我说起她的旅游见闻：澳大利亚的父母跟孩子说话都是蹲下来的。

一个周末，珍妮邀请朋友去她家里共度周末。珍妮有一对可爱的儿女，大家一起外出购物时，4 岁的儿子杰克因为姐姐先进了汽车而闹情绪。珍妮在车门旁蹲下，对杰克说："你和姐姐谁先进汽车并不重要，对吗？"杰克会意地点点头，乖乖进了汽车并挨着姐姐坐下。

第二天上午，珍妮一家去公园玩，杰克又蹦又跳，不小心摔了一跤，他的眼泪都快掉下来了。这时，珍妮又蹲下来，温柔地对儿子说："你已经是个大男孩了，这点小伤不算什么，是不是？"姐姐也学着珍妮的样子蹲下来看着弟弟，说："你不能哭鼻子。"杰克马上收住了眼泪，又高兴地去玩了。

朋友不禁和珍妮谈起了教育孩子的方式，珍妮说："我小时候，父母就是这样跟我说话的。孩子的个子比较矮，我们就应该蹲下来跟他们对话，这样才平等。"

父母跟孩子处在同一个高度，保持视线的水平，既体现了父母对孩子的尊重，也体现了父母对待孩子问题的亲切和认真的态度。这种教育模式能让孩子感受到自己和父母拥有平等的地位，也是受到尊重的，有助于孩子从小培养独立自尊的性格，也有助于孩子正确面对自己的缺点和问题，并及时纠正错误。

我认为，这是一种非常好的教育方法，既体现了父母的智慧，也增进了和孩子的关系。

父母都为孩子的将来着想，可很多父母认为自己是"过来人"，要求孩子对自己言听计从，然而，这种不平等的交流方式不利于孩子的健康成长。

玲玲跟我倾诉苦恼，说她的爸爸妈妈很"强权"，还给我讲了几件和父母之间发生的小事情：母亲节那天，玲玲用零花钱给妈妈买了一枝康乃馨，本以为妈妈会很高兴，可谁知妈妈把她骂了一顿："你买这个干吗？就知道乱花钱，太不懂事了！"说着，把花扔在了一边，玲玲很伤心地哭了。上中学的玲玲喜欢写作，她在课余时间经常看散文集或者一些名家写的书，被爸爸发现以后，书全部被没收了，还说她看这些没用的书影响学习。

"我根本没法跟他们沟通。"玲玲说，"他们不懂得顾及我的感受，把我当成机器一样，拼命让我学习，逼着我吃营养品，说是补脑，我都快疯了。"

和玲玲一样困惑的孩子其实有很多。我喜欢上网浏览一些教育网页和论坛，有一次在浏览网页时，我无意间在某个中学论坛上看到有个孩子这样写："我每天回家都要跟爸妈详细报告今天学习了哪些课程，在学校的表现怎么样，然后才可以回房间。爸妈从不关心我的生活，只关心我的成绩，除了问我的学习情况，其他的一概不管。昨天高年级的学生把我的钱抢走了，我根本不敢跟他们说，他们只会很生气地骂我没用。我受够这样的日子了，为什么我有这样的父母？"

显然，以上的父母都犯了同一个错误，就是没有平等地对待孩子，没有用平等的语言跟孩子交流。父母的"权威"给孩子带来很大压力，造成了孩子的逆反心理，父母的积怨也慢慢变深。

孩子需要父母更多的关爱，需要父母把他们当成朋友一样平等对待。如果父母能多对孩子表达出亲情，孩子也会尊重和信任父母。

这里介绍一下父母的语言技巧。在跟孩子说话时，父母要尽量避免"你为什么""你必须"等强硬的语言，应该多用温婉的词语，如"如果""试一试""或者"等。

在和孩子交流时，父母用委婉的、鼓励的话保护了孩子的自尊心，让孩子感觉到自己是个大人了，有和父母同等的地位，孩子就会控制住情绪。

平等的语言交流能在孩子和父母之间架起一座沟通的桥梁。我通过观察发现，给孩子更多的主动权也是增进亲子交流的好方法。

女儿放暑假了，她坐到正在看书的我身边，说："不知道能不能过一个自己心目中的暑假。"我心里暗笑，女儿肯定话里有话。

我问："你心目中的暑假是什么样子的呢?"

"当然是好好放松了，每天学习那么累，好不容易放假了，先玩个几天几夜再说，不过——"女儿把话题一转，"我统计了一下，大多数同学都要补课，家长还给报了辅导班。"说完，她试探地看着我。

我放下书："你认真安排一下暑假时间吧，最好做个表格，我帮你研究研究。"

"妈妈，你是说我可以——"

"当然了。"我笑道，"你长大了，我相信你能安排好的。"

她给我敬了一个军礼："妈妈万岁!"

我希望女儿过一个自由的暑假来缓解学习压力，让她自己安排时间，也能锻炼她的自主性和独立思考的能力。过分地束缚不利于孩子的健康成长，当然，这种自主不是说什么事都要孩子自己去面对，而是让孩子感受到自己是一个独立的个体，父母是平等对待他的，是尊重他的。

有专家曾说："要做孩子的玩伴、知己、智囊。"这三项都是基于平等的地位上的。

怎样做孩子的玩伴呢？例如，父母在送孩子去学校的途中，可以找一些不同的话题与他聊天；休息时间可以跟孩子一起看书、看电视等；赶上节假日，征求一下孩子的意见，允许孩子自主选择自己想做的事情。

做孩子的知己，就要跟孩子培养共同的兴趣，关心他的心情变化，遇到问题时为他出谋划策，在良好的氛围里，以朋友的姿态跟孩子沟通。

做孩子的智囊，就是在孩子迷茫的时候提出正确的方法，引导他们做出正确的选择，而不是用老生常谈的说教，那样既让孩子厌烦，又没有什么实际效果。父母要多回忆一下自己的童年，我们的童年也有不被父母理解的时候，想一想那时自己最希望有什么样的父母，最想得到什么样的爱，将心比心，我们的孩子也是这样的。

如果我们总是高高在上地面对孩子，那么距离就不仅仅是身高的几十厘米，而是心和心的距离。不要让这种距离阻隔我们和孩子的交流，平等对待、耐心倾听，关系自然会和谐。

第 十 章

最需要学习的不是孩子，而是父母

身教重于言传。父母想要孩子成为什么样的人，自己首先就要成为那样的人。父母的言行举止，就是孩子成长过程中的一所最好的学校。父母一定要规范自己的行为，用正确、合理的行为举止教给孩子积极的生活态度和生活方式。所以，在教育孩子的过程中，最需要学习的不是孩子，而是父母。

一、长期的潜移默化胜过千言万语的教导

我时常在思考，教育的目的到底是什么？教育的目的，不仅是传道授业解惑，更重要的是帮孩子塑造正确的世界观，培养他们优秀的品格，家庭教育更是如此。但是，培养孩子的品格，并不像传授知识那么简单，实际上，一个孩子品格的好坏，和父母的行为举止关系紧密。

我有一个朋友，她和她的丈夫不仅在工作上严格要求自己，而且在教育孩子方面也在不断规范、提升自己的行为，他们想以自己的言传身教，对孩子的品行和习惯产生正面的影响。

朋友的家庭情况相对来说在各个方面都比较优越，她非常担心孩子

会因此变得挥霍无度，从而形成攀比、虚荣和骄奢淫逸等坏习惯，和简朴、节约这些美德渐行渐远。所以，他们夫妻二人从自我做起，希望给孩子树立一个良好的榜样。

他们在生活上从不追求豪华、享受，而是过得十分简朴。我的朋友经常说："衣服、鞋子能穿就行了啊，几万块买一双鞋和几百块买一双鞋有什么区别呢，穿几年一样会旧、会坏。"晴天，她就穿一双简单的运动鞋出门；雨天，就在外面套上一个防雨鞋套，便宜还方便携带。一条自己织的毛线围巾用了好几年，她还是舍不得换。她丈夫的一副眼镜从上大学时一直用到现在都没有换过。

夫妇俩的言传身教没有白费，他们的儿子把父母节俭的行为都看在眼里、记在心里，耳濡目染之下，养成了良好的习惯。在生活上，他从来不讲究吃穿，也不和其他的同学攀比；在待人接物上，他十分有礼貌，对同学友好，对老师尊重。虽然家里有车，但是他还是坚持和朋友一起坐公交车上学，从来没有因为自己优越的家庭环境而搞特殊化。周围的朋友都对他的儿子赞不绝口，甚至找她讨教"育儿经"。

孩子身上所有的品质都和父母一脉相承。父母在日常生活中的行为习惯、品质人格都会对孩子产生极大的影响。这种影响就像水滴石穿一样，长期的潜移默化胜过千言万语的教导。因此，假如父母希望孩子具备高尚的人格，就不要只是纸上谈兵，或者喋喋不休，而是要以身作则，在生活的方方面面严格要求自己，给孩子做一个良好的楷模。

老威特曾经说过："所有的儿童都像我们大人一样。"因此，当孩子还在嗷嗷待哺时，父母就应该注意自己的行为习惯，给孩子树立榜样。孩子刚刚来到这个世界上时，就像是一张白纸，以后会变成一幅大作还是一张废纸，很大程度上取决于父母。

有一个孩子，跟他一起玩过的小朋友都被他骂过"傻子"，这让带他出门的大人觉得非常尴尬。后来，人们才知道原因，原来"傻子"是小孩父亲的口头禅，孩子听着听着就学会了。我们在生活中经常会遇到一些悲剧：父母经常在麻将馆、KTV流连忘返，对家庭和孩子毫不关心，在这种环境下成长起来的孩子，以后也不会有多大的成就。

柏拉图曾经说过："没有人自甘堕落。"孩子刚出生时对这个世界是一无所知的，充满了好奇心。孩子之所以会在成长的过程中走上一条歪路，是由于他没有受到良好的教育，没有受到父母良好品质的熏陶。

父母是孩子的第一任老师，不管是自身的心理素质、文化素质还是行为品德，都对孩子有着深远的影响。儿童心理学家经过研究发现，孩子主要的学习方式就是观察和模仿。面对朋友长辈时，父母彬彬有礼；面对挫折时，父母乐观面对；面对工作时，父母执着热爱；面对家庭时，父母有责任感……这些都是孩子学习的内容，也是培养孩子强烈的社会责任感的基础。

把每个孩子都培养成一代天骄，这肯定是不现实的，但是，父母至少可以让孩子在自己优良品格的影响下成为一个正直优秀，对社会有贡献的人。所以，家长朋友们，从现在起，让我们以身作则，给孩子做一个好榜样吧。

二、家长首先要学习的就是不再攀比

"你看看人家孩子……"这恐怕是大多数父母经常挂在嘴边的话。因为望子成龙、望女成凤心切，父母总想帮孩子加快前进的速度，生怕他们输在起跑线上。对孩子期望值过高，令父母形成了一种把自己的孩子和别人的孩子进行对比的习惯，认为这样才能比较出差距，找到让孩子前进的动力。

希望孩子进步没有错，可是攀比性的语言往往会伤害孩子的自尊心，影响孩子的心灵成长。

某小学五年级针对现在家长对孩子的教育方式，开展了一项"孩子最不愿意听到家长说哪句话"的调查，结果显示，参与调查的学生中，有90%的学生认为"人家的孩子太优秀了"或者"跟人家比，你差远了"这两句最不能接受。

所以，身为父母，我们在教育孩子时，首先要学习的就是不再攀比。

有专家指出，攀比性的语言相当于时时刻刻在提醒孩子：你就是没出息，父母对你失望透了。这样的语言时时刻刻都在伤害孩子的自尊心。

父母攀比性的话语会使孩子产生自卑心理，伤害他们的自信心。有的孩子不仅内向，可能还越来越反叛，父母越是这样说，孩子越觉得厌烦，听不进去。

过分看重面子的父母也容易说一些攀比性的话，总想让孩子在各方面都完美，给孩子的要求中不但包含了孩子应该做的，而且包含了自己从前喜欢做但是没有做到的。对面子的过分看重，让这些父母在对孩子的比较中争强好胜、寻求平衡。

我认识的一个家长就是这样。她的孩子偏科比较严重，数学分数极高，语文分数却很低，每当有人问起她孩子的成绩，她都刻意隐瞒孩子的语文分数，说："我家孩子特别优秀，长大肯定能当上数学家，这次又考了高分。"在周围人的羡慕声中，她感到很满足。她还让孩子参加课外班，学习计算机编程。她的孩子年纪还小，根本不能掌握这么高深的科目，只是满足她的虚荣心罢了。

这位母亲的虚荣心非常不利于孩子的成长，她夸大了孩子的优点，掩饰了缺点，不能正视孩子遇到的问题。这可能让孩子觉得难为情，也可能让孩子分不清事实，在家长的过分夸奖中迷失了自己，认识不到自身的缺陷，以为自己是最优秀的，变得骄傲自满。

每次走在街上，看到那些在休息日还要去一个个学习班、辅导班、兴趣班的孩子们，我都不禁想，他们中有几个是自愿学习的呢？有些父母盲目从众，看到别人怎么做，他们也跟着怎么做。看到别人的孩子上了英语班，他们也立刻给自己的孩子报上；看到别人的孩子学习奥数，立刻也让自己的孩子学。这些父母认为只要给孩子创造了一样的条件，孩子就不会落后于别人。在这种心理的驱使下，他们往往只在乎孩子的学习进度如何，而忽视了孩子自身的特点。

桐桐是家里的独生女，又是班上的英语课代表，父母对她的成绩非常关注，每次拿回成绩单，父母都要仔细比较一下，和排在第一的同学差了几分，差在什么地方。父母的对比，给桐桐带来很大的压力。

上课的时候老师提问桐桐，刚问出问题，其他同学就回答出来了，桐桐的神情马上变得很不自然，眉头紧紧皱着。老师找桐桐谈话，她焦虑地说："我做作业或者考试的时候都会先看看别人，看着他们认真答题的样子我很紧张，生怕他们把我落下。如果我会答的别人也会，我的心里就不舒服。"桐桐希望自己的成绩能保持在班级的前五名，成绩偶尔下降了，她就非常沮丧。

桐桐的心结是她的父母带来的，因为父母总拿她跟别的孩子比较，给桐桐带来了不小的心理压力。她不知道该怎么办，不知道怎样才能像其他同学一样专心又放松地学习。

老师说："桐桐，首先你要明白，你的父母是为了你的前途着想，但是他们用错了方法。你不能给自己太大的压力，调整好心态，再跟父母好好沟通一下。"老师建议桐桐给自己制作"小字条"，把每天要完成的目标写上去，这样的话，能很明显地看出自己有了哪些进步，有助于树立起信心。

按照老师的办法，桐桐开始制订详细的学习计划，她不再关心别人的学习进度，只专心做好自己的功课。老师又找到桐桐的父母，向他们介绍了桐桐的情况，并告诉他们要给桐桐宽松的环境，不要让她"背包袱"。桐桐的父母非常愿意配合，一段时间过去，她的紧张情绪明显消失了，人也开朗了不少。

攀比是父母给孩子带来的负面效应，结果只能是降低了孩子的信心，增加孩子的紧迫感和压力，而带着压力学习是非常不利于进步的。被父母推动着学习，远没有自主学习带来的成就感强烈。

现在很多人说孩子爱虚荣，互相攀比，在我看来，父母带来的影响占了大部分原因，也就是说，是父母教会了孩子"攀比"。

我不禁想起了很久以前看到的一个教育案例：

一对夫妻很爱虚荣，妻子时常在孩子面前向丈夫抱怨，谁家房子装修得很漂亮，谁家买了新车，有时还会满怀嫉妒地责怪丈夫："你就不能学学他们啊，也多挣点钱，让我风光风光。"

一天，妈妈去接孩子放学，孩子一路上都闷闷不乐的。妈妈刚一询问，孩子就大声说："我同学家长都开车接送他们，你们连车都没有，真给我丢脸！"妈妈当场愣住。

正是长时间的耳濡目染，母亲的攀比心理"传染"给了孩子，孩子也学会了攀比。父母应该改正自身爱攀比的毛病，要做到用科学的方法和一颗平常心对待孩子，更多地了解他们的需要，给予积极的指引。

孩子作为独立的个体，需要父母尊重他的一切，而"攀比"恰恰打碎了对孩子的尊重。正如一位中学生说的那样："我们本身没有多大压力，都是父母太爱攀比了，我们觉得处处都不如别人，压力非常大。"

孩子迷茫时，父母应该和孩子多商量，共同找出解决问题的方法。孩子犯错时，要指正他的错误，同时告诉孩子，相信他下次能做得更好。另外，让孩子多和同学、伙伴接触，促进共同进步，只有在群体中成长的人，才能很好地融入社会。

掌握语言技巧非常必要，父母要多说一些鼓励的话，把"跟人家学学""看看人家孩子"之类攀比性的话抛在脑后，做孩子的良师益友。

三、不在孩子面前说粗话

著名教育家斯宾塞曾说过这样一句话："一个人全部品德的基础就是礼仪修养，那些不良的举止和不礼貌、不文明的行为，不但对孩子自身的发展不利，而且也会严重危害孩子的品性。"

然而，看看我们身边的孩子，喜欢骂人、说粗话的并不在少数。有些孩子小小年纪却脾气暴躁，稍有不顺心的事情就乱骂人，粗话、脏话随口就说；有些孩子和小伙伴玩得好好的，可别人只是不小心弄倒了他的玩具，他就指着别人厉声地骂道："你怎么这么笨！"

相信大部分人看到这样的孩子，都会不禁叹气摇头，心中甚至还想着："这孩子真没教养！父母怎么不好好教教他呢？怎么能让他脏话连篇呢？"没错，孩子时常说脏话，和父母的教育有很大的关系，有的是因为父母管教不严，在孩子学会说脏话的时候，没有好好地监督和纠正。但绝大部分的原因是父母本身就没有良好的言行举止，孩子才从父母那里学会了骂人、说粗话。

要知道，任何一个言行粗鲁、脏话连篇的父母，都教不出一个文明有礼、素养良好的孩子。而一个父母彬彬有礼的家庭，教出来的孩子也不可能"出口成脏"。

很多人都听过类似这样的笑话：一个男孩平时总是喜欢骂人，脏话连篇，老师怎么教育都没有用，于是便请家长一起来教育。谁知爸爸一到学校，就生气地揪着孩子的耳朵骂道："小兔崽子！我让你不听老师的话，回家非抽你不可！以后你再随便说脏话，我非打死你！"

看看吧！父亲说话就带脏字，孩子怎么能说话文明呢？

记住，要是你的孩子没有礼貌，时常说出粗话、脏话，作为父母要负很大的责任。有的父母看到孩子做错事，一气之下，脏话、粗话就脱口而出；有的父母在日常生活中不注意自己的言行，管不住自己的嘴巴。虽然父母说这些粗话、脏话是不经意的，但是耳濡目染，孩子慢慢也会养成这样的坏习惯，并且不认为自己说粗话、脏话有什么错。一个小学五年级的孩子，在受到批评的时候就曾经"理直气壮"地说："大人们都说粗话，为什么我就不能说！"

孩子，尤其是年幼的孩子，没有辨别是非对错的能力，模仿就是他们的天性。听到大人说粗话，他们会跟着学；听到大人说脏话，他们也会模仿。事实上，他们并不知道这句话到底是什么意思。等到大一些的时候，虽然他们已经明白了这样的话是不好的，是不礼貌的，但是看到大人们时常挂在嘴边，他们也就没有改正的意识了。

更重要的是，如果父母平时一再要求孩子讲文明、懂礼貌，听到孩子说粗话就严厉地批评他，而自己又不注意言行，时常说粗话、脏话，将一些不文明的话语当成口头禅，那么就会在孩子面前毫无威信可言。

看着自相矛盾的父母，孩子的心里一定会这样想："爸爸妈妈真是两面派，要求我讲文明、懂礼貌，自己却脏话连篇。真是太可笑了！""凭什么我不能说脏话？他们可以说，我为什么不能？"

如此一来，孩子就会看不起自己的父母，对父母所说的话产生抵触情绪，这时候，父母对孩子的教育就没有任何效果了。

所以，父母想要孩子做一个彬彬有礼的孩子，就应该严格要求自己，注意自己的言行。如果发现自己在与孩子交谈时，不时蹦出一个脏字，就应该立即改正这个不好的习惯。如果不小心说了脏话，就应该坦诚地向孩子道歉："对不起，妈妈刚刚说错了话。这是不对的，你不要学。"

当然，孩子说粗话、脏话也可能是从其他小伙伴或是别人那里学到的，这时候，父母也不要过于着急，更不要一怒之下打骂孩子。父母正确的做法应该是，告诉孩子这种行为是错误的，并让他明白说粗话、脏话的坏处。只要把这种不良行为消灭在萌芽状态中，那么孩子依然可以健康地成长。

很多时候，最需要改变的不是孩子，而是父母的教育方式和不良习惯。想要让孩子讲文明、懂礼貌，改变说脏话的坏习惯，那么父母就必须改变自己，不在孩子面前说粗话、脏话，给孩子营造一个良好的生活环境。否则，不仅让自己丢了面子，更害了自己的孩子！

四、说话算数真的很难吗

虽然大多数父母都知道诚信的重要性，但遗憾的是，并不是所有父母都能够做到这一点，尤其是面对自己孩子的时候。有些父母时常有这样错误的认知，认为对孩子说话算不算数似乎并不重要，小孩子哄一哄就好了。于是他们并不把对孩子的承诺当回事，时常轻易答应孩子的要求，却并没有付诸行动，一次次对孩子食言。

我们经常能看到一些父母轻易对孩子许诺："只要你成绩排到前三名，我就带你去什么什么地方去玩""只要你做好了这件事，我就买某某东西给你"，或是孩子提出了什么要求，父母不加考虑地就答应。然而，事后父母却总是不能兑现自己的诺言。当孩子质疑父母说话不算数的时候，父母不是将错就错地找个理由搪塞过去，就是恼羞成怒地责怪孩子不懂事。

可是，父母应该知道，失信于孩子是一件非常危险的事情。从直接影响来说，父母说话不算数会让孩子觉得自己受到了欺骗，失去对父母的信任，从而导致他以后再也不愿意相信父母，也不愿意和父母说心里话。

更重要的影响是，父母的失信会影响孩子心理的健康发展，因为在孩子眼里，父母就是自己最信任和最亲密的人。从某种程度上来说，孩子对父母充满了崇拜和依赖，特别是 10 岁之前的孩子，父母的每句话对孩子都是至关重要的。一旦孩子发现父母时常说话不算数，时常用哄骗的态度来对待自己，那么孩子就感到失望甚至绝望。

孩子的心里会产生这样的疑惑：父母都可以欺骗我，那么我还能相信谁呢？这种想法一旦产生，孩子不仅会质疑父母的权威性，从此再也不相信父母，还会对这个世界产生怀疑，不轻易相信任何人。

所以，父母必须给孩子树立好榜样，不要对孩子食言。哪怕是承诺很小的事情，也要认真去做。要不然，父母说话都不算数，又怎么教育孩子培养诚信的美德呢？

放暑假的时候，贝贝看到很多同学都到海边去玩，于是也要求妈妈带着自己去玩。妈妈非常爽快地答应了，贝贝非常高兴，便问妈妈："那我们什么时候去啊？"妈妈想了想说："下周吧，我手头的工作快完成了。妈妈可以和公司请个年假，我们一家共同到海边度假！"

这下，贝贝可高兴坏了，立即和同学们分享了这个好消息。在之后的一周内，贝贝每天都盼着妈妈放假，当然这期间她也没有闲着，买好了漂亮的泳衣、草帽，做好了旅行攻略，还和爸爸商量好了要预定的酒店，等等。

到了约定的那天，贝贝兴奋地问妈妈："妈妈，你请好假了吗？我们明天什么时候出发？"

可妈妈却有些犹豫，想了想才对贝贝说："宝贝，不好意思。妈妈手上的项目出现了点问题，我们推迟一周好不好？"

贝贝的笑容立刻就消失了，她生气地说："我们不是说好了吗？为什么要下一周？"妈妈耐心地劝了几句，贝贝还是不高兴，自己躲在屋里不出来。这时候，妈妈也生气了，大声地训斥说："我这里工作忙得不行，麻烦一大堆，你还在这里找事情。这孩子真是太不听话！我又不是不带你去，只不过是推迟一周，要是你再这么不听话，干脆就别去了！"

最后贝贝生气地大声喊道："你自己说话不算数，还骂我。不去就不去！哼！以后再也不相信妈妈了！"

我们可以理解贝贝妈妈工作繁忙，但是她也确实做了失信于孩子的事情。贝贝满心欢喜地等待着去海边度假，还做了很多努力和功课，结果妈妈却说要推迟，满心希望落空的感觉可想而知。

或许贝贝妈妈会说："难道为了对孩子所谓的承诺，就要放弃没有做完的工作吗？"我们不能否认，工作对大人来说很重要，但是对孩子履行承诺更重要。贝贝妈妈明知道自己工作的重要性，也知道手头的工作没有完成，却自认为下周肯定能完成，这就给了孩子一个肯定的承诺，结果却失信于孩子。其实，贝贝妈妈完全可以这样说："妈妈手头上的工作还没有完成，如果下周完成，我们就下周去，如果下周完不成，我们就推迟一周。"相信没有哪一个孩子会无理取闹地要求妈妈必须下周就带自己去度假。

说话算数真的很难吗？关键在于父母是否认真对待。作为父母，答应了孩子，就应该做到说话算数。同时，在对孩子许诺的时候，父母一定要慎重考虑自己是否能够做到。如果孩子的要求难以实现，那么就请父母不要轻易对孩子许诺，一旦许诺，就要承担起相应的责任。

父母是孩子人生中的第一任老师，父母的一举一动，孩子都会去模仿。作为父母，想要培养孩子诚信守诺的美德，就必须对孩子说话算数。如此，孩子就会自觉地做一个讲信用的人！

五、请避免毫无节操地"晒"孩子

网络给人们的生活带来了极大的便利，只要在法律和道德的框架下，任何人想说什么就可以说什么，无论想表达什么样的想法，别人都不会感到奇怪，思想观念有了网络的出口，处处有"绿灯"，天涯海角都能找到知音。当"晒"的网络交流方式流行起来后，人们不仅可以"晒表情""晒工资""晒福利""晒友情"，还可以"晒孩子"。孩子一出生，父母就迫不及待地把照片晒出来，听着大家夸自己孩子漂亮、乖巧、可爱，看到朋友圈里羡慕的目光，父母会由衷地高兴。

可能有人认为"晒孩子"只是一种简单的娱乐与分享，但实际上，这就是拿孩子炫耀，以此来展示下一代这个"活招牌"的不同凡响。对于上了年纪的父母，如果孩子比较优秀，如孩子成绩在全年级前 10 名、考上名牌大学，或者是大学毕业以后成为出类拔萃的企业家、科学家，父母就不满足于在网络上展示了，一定要著书立说，向世人昭示，讲述自己培养孩子的经历，还要一再地表明"我的孩子非常普通，是我们教育有方，才将他带上了成功之路"。这其实是一种深度的自夸，把孩子当成标榜自身人生价值的"活招牌"来满足自己的虚荣心。

心理学研究表明，当一个人自认为不如他人时，就要"踩在梯子上"做出高人一等的样子，用把别人比下去的行为来证明自己的出色。父母如果对自身缺乏自信，就很容易要求孩子胜人一等，以此来平衡自己的内心。例如，有的父母经常要求孩子在他人面前展示才艺，当孩子受到在场者的夸奖时，父母的心里就乐开了花。

殊不知，这种做法会对孩子产生不好的影响，一是容易让孩子产生骄傲自满的情绪，因为很多称赞是不切实际的，是为了给家长面子而为之；二是给孩子灌输了一种不正确的观念：人的价值建立在外在的能力以及他人的赞赏上，这就使孩子在形成人生观和价值观方面偏离了正确的方向。

浩宇是一个很有数学天赋的孩子。有一天浩宇的爸爸带他到一个朋友家参加聚会，一位高中数学老师想考考浩宇。浩宇的爸爸同意进行一次"现场考试"，但他要求不管浩宇解答得怎样，这位数学老师都不可以过分地表扬他。

这位数学老师给浩宇出了五道初中数学题，每一道题浩宇都用两种方法求出了结果。这位数学老师不由自主地开始赞扬浩宇："你才上初一，就能解这么难的题，简直是'神童'。"浩宇的爸爸听他这么说，马上转移了话题，这位数学老师才想起了两人的约定。但是他还想拿出更难的题来考一考浩宇，于是出了一道高中的数学题："这道题许多高中生都没做出来呢，你做不出来也没关系。"没过半小时，就听浩宇高兴地喊道："我做出来了。"这位数学老师说："不可能吧？"说着就走了过去。但事实不得不让他赞不绝口地说："真是天才。"

浩宇的爸爸接过话茬儿说："浩宇上初中后，数学老师发现他在课堂上极为活跃，经常在课后给他单独辅导，进步比较大，实在谈不上天才。"这位数学老师这才领会到浩宇爸爸真正的意图，点着头说："是的，只要多下苦功夫，学习上就会进步快。浩宇，要继续努力呀！"

从故事中不难看出，浩宇的父亲是一个特别务实的人。正所谓学无止境，在孩子刚刚有一点小本领时就过分地夸奖、炫耀，怎么能让他明白前面的路有多么漫长，路上有许多的佼佼者需要他一个个去超越呢？

父母希望他人夸"自家孩子好"，远不如冷静、认真地观察、认识孩子的真实情况，然后有针对性地给予帮助。即使自己的孩子真的不错，也不宜过分地自吹自擂，还应认真总结经验，严格要求，像浩宇的父亲那样让孩子学会见贤思齐，争取做到好上加好才是可取的。只有这样教育孩子，才能使孩子谦虚进步，真正健康地成长起来。否则，真就成了这种情况：刺猬说"我儿子光"，黄鼠狼说"我儿子香"，事实上彼此彼此，不分伯仲。

孩子应该得到父母的疼爱、关怀和鼓励，但是不能成为随意摆布、向他人炫耀的工具。身为父母，在孩子需要鼓励时，就应该给予自信；在孩子需要督促时，就应该及时给予提醒；在孩子需要引导时，就应该指明方向。如果孩子的某项特长、某种技能掌握到一定程度，确实需要进行检验，可以鼓励孩子参加学校、社会团体主办的活动，如体育比赛、文艺演出、巧手会做、环保知识竞赛等活动。在活动中取得了好成绩，会大大地激发孩子发展兴趣爱好的热情；如果在活动中表现得不够出色，他们会知道自己的不足之处在哪里，以后会更加努力。而动不动就把孩子的某项能力拿到网上晒，或者是要求孩子在亲朋好友面前表演，实在是不明智的行为，一定要尽量避免这种情况的发生。

六、要想孩子喜欢读书，首先你要开始读书

我们都希望孩子喜欢看书，多学习知识，多掌握技能。那么，如何能让孩子变被动学习为主动学习，从而培养起学习的兴趣呢？

我认为，让孩子喜欢读书和学习，不是靠简单的唠叨就能实现的。唠叨会产生这样的结果：父母批评孩子，孩子却觉得父母不理解自己。其实教育孩子是一项复杂的"工程"，父母应该寻找最佳途径来指导孩子，其中，父母以身作则、言传身教尤为重要。

西西上小学五年级，西西妈妈告诉我，虽然自己不是特别爱读书，但是为了能让女儿喜欢读书，她每天都要看家里订的报刊，一家人经常就某个知识进行讨论、交流看法。她还经常利用休息时间带着女儿去书店，让女儿看到同龄孩子读书的热烈气氛。

她的方法很好，因为孩子会刻意模仿父母的行为。父母是孩子的读书榜样，看到爸爸妈妈在读书，他们也会受到感染，对读书产生兴趣。就像西西一样，家庭里有了很好的读书氛围，西西也就爱上读书了。

"活到老，学到老"这句话并不只是说给孩子听的，想让孩子怎么样，自己必须先做到。父母首先要能做到爱学习，再来要求孩子爱学习。

教育孩子成长为优秀的人才，不仅是学习方面，我们强调的是孩子身心协调健康发展，只有才智没有健康的体魄不行，只有健康的体魄没有才智也不行。

经常有父母抱怨说："我的孩子对读书很反感，我怎么办呢？给他换了一个又一个家教，买了很多精品的辅导教材，可他还是不喜欢读书，成绩始终都是倒数几名。"

这类父母并没明白问题的根源是什么。督促学习和请家教都不能解决根本问题，因为孩子从心底排斥读书。读书的兴趣需要培养，要改变孩子的态度，需要智慧和耐心。例如，这类父母可以每天抽一点时间和孩子共同阅读一本书，把书中蕴含的道理讲给孩子听，再说明阅读的好处，让他们知道读书不是多难的苦差事。

成成妈妈只有初中学历，她在孩子7个月大的时候就开始教孩子识字，碰到她不认识的字，她就查字典。不管孩子能不能听懂，她都读书给孩子听。孩子长大一些，她就和孩子一起读书。孩子上学以后，往往是孩子在做功课，她也跟着学习。成成从幼儿园开始就没上过补习班，但是成绩总是名列前茅，到哪里都是书不离手。成成妈妈也学到了不少知识，还拿到了自考的大专学历。

成成妈妈学知识就像和孩子"比赛"，在你追我赶的情况下，两个人都有了大幅度的提高。也因为妈妈的带动和影响，成成才迷上了阅读，积累了大量知识，为优异的学习成绩做好了铺垫。

平平的学习成绩还算不错，但对读书不是很感兴趣，知识面仅限于课本上的那些。于是爸爸制订了一张读书计划表，两人各有一份，爸爸要求平平写上近期对哪本书感兴趣，从书中学会什么道理。起初平平不以为然，读书计划表一直空白着。爸爸则把最近读过的书写下来，包括书的大致内容都有所记录。儿子悄悄观察爸爸的举动，有时也会拿过爸爸的读书计划表看一看。没几个月，平平就在计划表里填上了《天蓝色的彼岸》，并认真做了读书笔记。

等平平读过这本书，爸爸问他："你从这本书里学会了什么道理呢？"

平平说："我知道了人是要宽容的，而且要热爱生命，哪怕在前进的路上不停跌倒，也要有走下去的勇气。"平平一口气说完，信心满满。

爸爸赞许地点点头："真不错，爸爸看了这本书都没有你领悟得多。"平平不好意思地挠挠头，十足的成就感显露在脸上。

好的知识要大家一起分享，这样既能使孩子有信心把书读好，又能促进家庭成员之间交流感情，以便共同进步。

七、孩子，我错了

父母在管教孩子时，有时会因情绪失控而小题大做，也会因为没有完全了解事情的经过而错怪孩子。发生这类事情后，父母心里会难过、懊恼，但是想要当面向孩子道歉，似乎不是件容易的事，明明想说"妈妈（爸爸）错了，对不起"，可是这句话在嘴边转了转，还是咽了回去。

事实上，父母为自己的不理智行为及时向孩子道歉，能让孩子明白，从哪里跌倒就要从哪里爬起来，并立刻改正错误。承认错误很难，但却是一件正确的事。父母错怪孩子了，勇敢地说一句"孩子，我错了"，并不会有损父母的权威，相反，会给孩子做一个"敢于承认错误"

的示范。

父母向孩子道歉，会拉近与孩子的距离，产生一种亲密感。这种亲密感是孩子深切的心理需求。当父母因为自己的情绪失控迁怒于孩子时，或者是因为不了解情况错怪了孩子时，无论是爸爸还是妈妈，都应该面对一脸委屈的孩子，弯下腰来说一句"对不起，我不该用这样的方式对待你"。这样一来，孩子就明白父母是疼爱自己的，自己也不是一个令父母头疼的坏孩子。

我的一个朋友有一对儿女，当两个孩子抢东西、打架时，忙碌的她常常会控制不住自己的脾气，冲孩子们大吼大叫，事后她又为自己当时的粗暴言行感到愧疚。这时，她通常会深深地吸一口气，稳定自己的情绪，提醒自己：守护自己与孩子之间的关系比维护自己的面子更重要。于是，她会走向孩子，蹲下来对两个孩子发自内心地说一句："对不起，刚才是妈妈错了。"

其实，世界上没有真正意义上的"父母学校"能够在父母生养孩子之前教会他们所有的教育方法，因此父母在管教孩子时会犯很多错，这也使许多父母在没有给予孩子良好的教育时，沉浸于羞耻与自我怀疑中不能自拔。然而，道歉犹如一剂良方，能让父母将重心放在孩子的身上，而不是只关注自己的感受，同时还会因行为上的过失得以挽救而感到欣慰。

每个父母都希望自己的孩子懂礼貌，但如果父母不尊重孩子，就会在孩子的心里播种下不认错、不讲礼貌的种子。所以，父母做错事时向孩子表达自己的歉意，会让孩子有样学样，以后孩子做错事了，也会主动承认错误。

值得注意的是，父母在向孩子承认错误时，要讲究方法。父母在承认错误时，一定要告诉孩子你为什么要向他道歉，否则，孩子会弄不清楚父母为什么会道歉，也就达不到拉近关系、弄清事理的效果。

另外，父母在向孩子承认错误时，态度要诚恳，不能抱着敷衍的态度向孩子道歉，否则不仅不能获得孩子的原谅，还会失去孩子的信任。

最重要的是，父母向孩子承认错误时一定要讲原则，做错事要敢于道歉，没有做错事绝不能胡乱道歉。不能因为批评孩子，孩子哭泣，心生同情就给孩子道歉。父母的道歉变了味，就会让孩子滋生胆大妄为的心理。

父母真诚地、有原则地道歉，会让孩子深切地体会到，人都会犯错，重要的是要及时纠正自己的错误。同时，在孩子的心里还会萌生这样的观念：在生活中不必扮演永不犯错的完人，而是要做一个有勇气面对自己错误的人。